Luz Mary Castrillón

Tren de las siete,
y otros cuentos

Índice

El tren de las siete y otros cuentos
© Luz Mary Castrillón

ISBN: 978-9962-12-699-7

Corrección   de   estilo
Ariel Barría Alvarado

Diseño y diagramación
Silvia Fernández-Risco

Luz Mary Castrillón

Nació en Colombia. Licenciada en Filosofía y Letras por la Universidad de Caldas, (Manizales). Realizó estudios de Gramática Musical y Violín en el Conservatorio Pedro Morales Pino, de Cartago (Valle). Escribió para la revista *Atenea*, de la Universidad Nacional (Manizales). Trabajó como profesora de Español y Filosofía para el Colegio de la Presentación, Cartago (Valle).

Radicada en Panamá desde hace varias décadas, junto a su esposo e hijos, ha encontrado espacios oportunos para construir un sendero propio en el campo de las letras. Participó en el Taller de Creatividad Literaria, dictado por el escritor Genaro Villalaz, en la Universidad de Panamá, así como en el Seminario Taller Escriba y Publique su Libro, de la profesora Ileana Gólcher, dictado en la Universidad Católica Santa María La Antigua.

Tren de las siete y otros cuentos es su primera obra publicada; en ella recoge algunos de los trabajos forjados en talleres literarios; otros son producto de sus vivencias o bien de memorias propias y de su entorno.

Palabras de la autora

El libro es un proyecto que he considerado desde hace muchos años, en los cuales hice un paréntesis donde formé y desarrollé una familia, poniendo mi vida literaria a un lado, pero sin dejar de leer, escribir y soñar con la ilusión de hacer realidad mis sueños.

Algunos de los cuentos surgen de los trazos que se desprenden de experiencias de vivencias del acontecer cotidiano con mi familia, de nuestros alrededores; otros son creaciones imaginarias.

Detrás de cada cuento hay una historia, transformada por la intención literaria, y que muchos de ustedes, lectores, también las han vivido.

El logro finalmente no es de una sola persona, por eso quiero darle las gracias infinitas a mi esposo, Tomás Gabriel, quien creyó en mí. A mis hijos, en especial a Paola Tatiana, de igual manera a la profesora Yolanda Almanza, mis primeras lectoras. Por último, al editor y escritor, el profesor Ariel Barría Alvarado, sin cuyo respaldo este proyecto no se hubiera podido llevar a cabo.

Dedicatoria

Este trabajo se lo dedico a mi esposo, Tomás Gabriel Muñoz Vergara, por su incondicionalidad total para que este sueño se hiciera realidad.

A mis hijos: Paola Tatiana, por el estímulo durante la elaboración de cada cuento; a Thomas Gabriel y a Tomás Andrés, por su apoyo.

Y, finalmente, a todas aquellas personas que han puesto interés y expectativas en este proyecto que ahora pongo en sus manos.

TREN DE LA SIETE

Bajo un cielo tapizado de nubes grises, la locomotora hace sonar su silbato para avisar que se acerca a la estación ferroviaria.

En la sala de espera, Luciana echa un vistazo hacia afuera, a través del vidrio, mientras Laila, su madre, reserva los boletos. Suena el último llamado; de prisa, suben al tren.

Por otra de las puertas del vagón, escapando a las primeras gotas de lluvia, entra un joven, es Alberto. El muchacho cruza la línea amarilla y, a zancadas, tambaleándose, ocupa un asiento junto a la ventanilla, en los últimos puestos del vagón. Es obvio que prefiere mantenerse oculto a las miradas de Luciana y de su madre. Desde allí, mira lo que pasa a su alrededor, mientras la locomotora echa a andar. A lo lejos se ve aparecer el sol.

Laila se levanta de la mesa. Su cabello resalta con sus tonos lila, enmarcando una nariz puntiaguda y unos labios rollizos. Le pide al mesonero jugo, panecillos y un café para el desayuno.

El mesonero pasa cerca de Alberto, quien pone atención en la habilidad con que maneja la bandeja con una mano, pero enseguida vuelve su interés en Laila, aún de pie, al lado de la muchacha de cabellos largos, ensimismada en el paisaje. Por un momento Luciana alza la cabeza y repasa la cara de los otros pasajeros, como buscando a alguien. En el último momento ve reflejados en el cristal los ojos de Alberto, clavados en los suyos. Retorna a su contemplación, sin decir palabra.

A través de las ventanas se escucha el roce de las hojas de los árboles contra los vidrios. El tren se va perdiendo entre la llanura de bajos pastizales, se confunde allá en el fondo con los álamos y la neblina que cubre las altas cordilleras. Entonces, la carita redonda de Luciana da vuelta otra vez, con disimulo, y logra cruzar su mirada con la de Alberto por un segundo, sobre el cristal empañado. Eso la pone nerviosa y el jugo de mora se derrama en su blusa blanca. Se sonroja y desvía la vista hacia la extensa llanura próxima a la cordillera.

Mientras la brisa barre los cristales, Laila saborea su dulce café, le tiende una mirada a su hija y le saca una sonrisa. Presiente su nerviosismo, pero Luciana, con sus ojos color otoño, le dice que no pasa nada.

La gran estación comienza a verse alrededor de medio día. El sol está ya en lo alto y los pasajeros se aprestan a finalizar el viaje. En ese momento, el tren pasa la señal de aproximación sin disminuir su velocidad y todos sienten que algo no está bien. En efecto, la máquina pasa por la estación, prosigue su

Marcha y, en una curva cerrada, ante la imposibilidad de mantenerse sobre la línea, comenzó a descarrilarse vagón tras vagón, a partir de allí, el caos se apodera de los pasajeros.

Transcurren breves momentos y comienza a oírse el sonido de sirenas, de ambulancias, y un olor a humo se extiende sobre el escenario de muerte y destrucción.

Alberto es alto, flexible y delgado, parece una vara de bambú. Confundido, en medio del alboroto, avanza, logra abrirse paso entre los escombros. Un solo pensamiento le llena la cabeza: ¿Dónde están Luciana y Laila? Antes de que ocurriera la tragedia podía verlas cerca de él, pero ahora, ¿estarían vivas? Sin detenerse, saltó sobre sillas y asientos hasta dar con Luciana. Alza la barra que le oprime la pierna, la levanta en sus brazos y avanza con ella hacia la puerta. En ese momento, un bombero aparece frente a él y estira los brazos para ayudarlo. Él se la entrega, da la vuelta y va en busca de Laila. Llega hasta la mujer que está oprimida bajo una lámina que ha caído sobre ella, golpeando su cabeza. Está sin conocimiento. Él le habla con fuerza, casi sollozando;

—¡Señora Laila! ¡Despierte! ¡Ayúdeme, tiene que levantarse! ¡Por favor!

La mujer no reacciona de inmediato. En su inconciencia, escucha las voces de Alberto, pero no puede responder. Él logra ponerla sobre los pies. Casi a rastras, la va sacando. Por suerte para ambos, varios rescatistas vienen a su encuentro, entre el humo que se incrementa.

Dos de los bomberos alargan los brazos y reciben a la mujer, la sacan del vagón y la conducen fuera. Un tercer bombero toma por el hombro a Alberto y le exige salir. El humo y el fuego pronto ocuparán cada milímetro.

Cuando sale, ve que acomodan a Laila dentro de una ambulancia que, de inmediato, enciende la sirena y parte. Él se deja caer sobre el pasto, tosiendo. Pasados varios minutos, recupera el aliento, y observa, volcados a un lado de la vía, los vagones. Alza la cara al cielo, preguntándose: ¿Dónde estará Luciana? La pregunta viene a su mente una y otra vez. Gruesas nubes se extienden hasta donde llega la vista; sin duda lloverá pronto. Siente una especie de nudo en la garganta, algo que nunca antes ha experimentado. Quiere hallar a Luciana, contarle que logró sacar a su madre.

Camina por entre las ambulancias y la gente que brinda auxilio, ve algunos cuerpos tendidos, cubiertos por sábanas. Se estremece. Cree descubrir al bombero al que le entregó a Luciana. Lo sigue. Unos metros más adelante, sobre una camilla improvisada, junto a uno de los vehículos de apoyo, la descubre, ella también lo ve.

—¡Luciana! ¡Luciana!

Debe empujar a algunas personas para abrirse paso hasta ubicarse frente a ella. La muchacha lo contempló por un momento, en silencio.

—¡Luciana! ¡Mi querida Luciana! ¡Soy yo!

Ella frunce el ceño, por un instante le cuesta trabajo comprender, a pesar de que lo escucha decir que rescató a su madre, que se la entregó con vida a los bomberos.

—Luciana, ¿estás bien? —le sostiene el mentón, le levanta la cara— Soy Alberto, ¿me entiendes? Te dije que vendría tras de ti, que no dejaría que nos apartaran. Y lo hice, ¿comprendes? ¡Estamos juntos, sobrevivimos a esta tragedia!

Ella se queda por un rato como indecisa, hasta que sus ojos tropezaron con las pequeñitas llaves que penden de su cuello. Él le sonríe para tranquilizarla. Ella le tiende las manos temblorosas. Entonces recordó la tarde en que la brisa decembrina pasaba sobre las copas de los árboles y, sentados en la banca del parque, se hacían la promesa de no alejarse uno del otro nunca. Ella le regaló unas pequeñitas llaves que colgaban de un collar que tenía en su cuello y él, el corazón de la cadenita que le regaló su madre.

Siempre la usaron, como símbolo del pacto secreto que hicieron.

En el hospital, tomados de la mano, esperando atención, entre sonrisas recordaron aquel día que, mientras Alberto jugaba, la pelota cayó al jardín y fue a parar a los pies de Laila. Él aguardaba que la devolvieran, pero ella se la negó. Fue Luciana quien más tarde se la lanzó de vuelta, golpeándolo en la cabeza.

También recordaron cuando, en las tardes de lluvia, Alberto le llevaba el paraguas a la escuela para que se cubriera. Cómo olvidar el día en que los padres de Alberto los invitaron a pasar una noche de Acción de Gracias a su casa, y Laila llegó con un lazo "color medicina para el estómago" adornando su cabello, de su hombro colgaba un bolso del mismo tono y unos zapatos tacón puntilla, que sonaban por todo el piso, como si un pavo real paseara con su abanico de plumas extendido. Esa vez, Alberto y Luciana, a escondidillas, por detrás de la espalda de Laila, entrelazaron sus manos, divertidos.

Todos los allí presentes en la sala de urgencias los miraban hablar y sonreír a pesar de la tragedia vivida. Ambos jóvenes revivían el día en que, cautivados, Luciana se reclinó en el pecho de Alberto y, cuando Laila los sorprendió, los hizo separarse con un grito:

—¡Son casi unos niños todavía! ¡No pueden estar enamorados! —aseveró.

Alberto le deposita un beso en la frente y así, abrazados, continuaron recordando historias de las oportunidades en que se vieron en secreto.

Afuera caía la lluvia, acompañada por truenos y relámpagos. Luciana, aún con los ojos hinchados y un cansado semblante, le cuenta que, ante la sospecha de un enamoramiento, su madre decidió llevársela esa madrugada en el tren de las siete, sin saber lo que el destino les deparaba. Apenas tuvo tiempo de hacérselo saber a Alberto, quien le prometió seguirla, aunque ella dudaba de que eso fuera posible. Luego de haber sido atendidos por contusiones menores y dados de alta, preguntan por Laila y se dirigen al lugar que les indican. Cuando llegan a su lado, ella está contándoles a las enfermeras, entre dientes, cómo Alberto y un bombero lograron sacarla de entre los hierros retorcidos. Al ver llegar a los dos muchachos los saludó con una voz desentonada, apenas se le entendían las palabras, pero era posible sentir la emoción que experimentaba. Como pudo, los abrazó y así los sostuvo, llorosa. Después los apartó y se mantuvo mirando Alberto a los ojos por un rato.

—No sé qué hacías en el tren hoy... —le dijo— Los dos me deben esa explicación... pero tu presencia fue providencial, Alberto.

Enseguida volvió a acercarlos y los tres quedaron fundidos en un solo abrazo.

LA FINCA DE PAPÁ

Allá lejos, en la Cordillera Occidental, al norte del Valle del Cauca, se asienta un paraje que se llama La Popala.

En esta hermosa extensión de tierra, de verdes pastizales, enormes plantaciones con olor a café, y animales por doquier, puede verse una hermosa casita, incrustada en la ladera de la montaña. Parece estar todo el tiempo adornada por flores de alhelí, cuya fragancia y atractivo colorido convierten el paisaje en una galante estampa que aviva las emociones.

En la noche, cuando la neblina se disipa y el mantel de nubes que suele cubrir el campo se despeja, un hermoso cielo deslumbra hasta al más indiferente, preparándose para darle la bienvenida al asombroso amanecer, característico de la región. Los rayos de sol se despliegan en abanicos desde el este, anunciando la llegada de un nuevo día, al mismo tiempo que los gallos, con su quiquiriquí insistente, derraman manantiales de luz. Avisados por esa orden, las gallinas cacarean, los pollos pían, los patos y los gansos graznan, el perro ladra, los gatos maúllan, el pavo gluglutea abriendo su enorme cola, y no hay un solo ser que no bendiga, a su manera, el milagro diario.

LUZ MARY CASTRILLÓN

Para no quedarse atrás del concierto, las palomas salen despavoridas a recorrer los amplísimos patios y, cuando vuelven a sus nidos sobre los techos, se escucha el vigoroso arrullar y un batir de alas constante.

Más lejos de la casa, en la pradera, se deja oír el balido de la oveja, el burro que rebuzna, el relincho de los caballos, los toros que braman y las vacas que mugen. Más cerca, el cerdo hoza y gruñe en los corrales, feliz de estar a sus anchas, mientras pasa sobre ellos la sombra de los gallinazos, que toman altura con las corrientes de aire cálido, dejando apenas que se perciba un siseo de frecuencia baja, a medida que se encaminan a su patrullaje cotidiano en busca de alimento.

Bordeando la casa, vetustos árboles de chocho con enormes flores rojas hacen guardia. Cuando están sin hojas muestran sus hermosas semillas escarlatas, que invitan a hospedarse a las cotorras y a los loros, con su continuo parloteo, saltando de rama en rama, asustan a las tórtolas, que detienen su gorjeo para marcharse.

¡Qué bello el paisaje que se ve y se siente alrededor de la casa! Desde cualquiera de sus ventanas, o a la sombra de cualquier sauce, la vista podía perderse por horas en los mil detalles que comprimía el ambiente.

Mi padre siempre recordaba el día en que plantó aquellos sauces de ramas finas y elásticas, pobladas por numerosas pequeñas hojas doradas, con un tronco grueso y fuerte. Me gustaba ver los sauces, con sus copas redondas, en las que el viento tañía sus mejores acordes para solaz de nuestros sentidos.

Mi madre también amaba los sauces. Para ella, cuando se regala una ramilla a alguien, se le está ofreciendo una promesa de amistad perenne.

También había álamos en la finca. Sus hojas simples y alternas proporcionan una especie de luz espiritual. Sembrados en fila india, mirando siempre al cielo, promovían una sensación de orden. Pero para mi padre eran algo más:

—El álamo es un árbol inteligente. Donde hay álamos hay corrientes de agua cerca. Indicaba.

Nuestros álamos y eucaliptos bordeaban la propiedad y los lagos cercanos a la casa, Estos últimos, además de afirmar la belleza circundante, hacían de paraguas para el ganado. Mi padre se entretenía viendo a sus animales adormilarse a su sombra en las horas del mediodía.

A lo ancho de la pradera no podían faltar lo abedules, de una hermosura sacada del tiempo y de la luz. Su corteza blanca plateada iluminaba todo alrededor. Mi madre decía, riendo, que el abedul es el portador del buen clima y la felicidad, y que por eso aparecieron de pronto por la finca, sin que nadie los sembrara.

Según mi madre, los abedules le hablan al que los comprende. Cuando pierden parte del follaje, se aproxima el invierno, y apenas empiezan a recuperarlo es porque los días soleados ya no demoran. Entre esos árboles recibí mis lecciones de ciencias naturales y de biología más inolvidables. Allí conocía al más fuerte de todos los árboles, el cacique, llamado también macano, cuyo tronco exhibe una corteza gris o marrón, y que daba flores y hojas muy olorosas. Cuando estábamos en la finca, me gustaba estrujar las ramitas para sentir el olor que se desprendía de ellas y que no siempre era el mismo; si las hojas eran muy tiernas podían confundirse con el aroma del frijol.

Mis padres nos explicaban que del macano se obtienen múltiples beneficios. En particular mi padre, le tenía un singular aprecio, puesto que brindaba madera para la construcción, tocones para cercar potreros y pastura para el ganado con sus ramas tiernas, además de la belleza que aportaba al paisaje.

Nuestras chambranas estaban hechas de madera de macano; lo más gracioso era ver cómo dejaba caer sus hojas en estación seca y volvían en la estación lluviosa, pues se acomodan muy bien al clima frío de La Popala.

Tengo por obligación que nombrar al roble, con su hermoso color grisáceo, frondosas ramas y su gran altura, árbol duro, resistente, noble. También los abetos, imponentes y con hojas que nunca se les caían del todo de su copa cónica, abrazada siempre por los vientos.

Las favoritas de mi madre eran las acacias, que aromatizaban cada rincón del fundo con sus flores olorosas, en racimos colgantes. Su madera era tan dura como el roble o el macano. No puedo obviar las araucarias, los árboles más hermosos que podía ver. Y los eucaliptos delimitando el terreno, debí amarlos de lejos, solo de lejos, porque me provocaban alergias. Amo los árboles, todos los árboles, los que embellecen el paisaje, los que dan sombra, los que marcan las estaciones, los que proporcionan alivio a cualquier mal, los que nos brindan alimento. A mi padre le gustaba siempre tenernos cítricos en casa. No nos podía faltar en la mesa un jugo de limón, de mandarina, de naranja. Otros muy sabrosos, como la guanábana, y las fresas las comíamos una por una. Eran frutos cosechados siempre en nuestro terreno: zapote, aguacate, chirimoya, granadilla, banano, plátano, mango...

Aunque vivía entre árboles y los amaba, no conocía mucho de ellos, por lo que debía hacer preguntas constantes. Tal es el caso del plátano, sobre el cual siempre consultaba cómo se sembraba, cuál era su semilla, cómo nacía, por qué producía sus frutas en tales racimos. Mi padre decía:

—El plátano es una especie de vegetal, que es más hierba que árbol, más verdura que fruta.

Luego venía una lección de ciencias naturales. Las drupas son los que tienen frutos carnosos y semilla de hueso duro, como el mango, el ciruelo, el cerezo o el albaricoquero. Los pomosos son los árboles de frutos tiernos y pepita en su interior, como el níspero y el manzano o peral; pero de esos no hay en La Popala. También es un buen fruto el marañón, pero esa es otra historia para contar.

Mi madre, en ocasiones, nos hablaba de frutos secos, donde la semilla está encerrada en una cáscara, que son medicinales como el avellano, el nogal, el castaño, el roble, el almendro y la encina.

Dejemos lo que había a nuestro alrededor. Ahora hablemos de nuestra hermosa casa al lado de un límpido lago. Mi madre cuida con esmero sus helechos y sus amadas orquídeas, tan variadas y de diferentes colores: lilas, rosas, blancas, amarillas, combinadas. Mi padre se las traía de montaña adentro, y ella las recibía como en una fiesta.

En las noches, cuando la luna iluminaba La Popala, se podía ver la casa reflejada en el espejo del lago, como una visión esplendorosa. Desde la finca se podía vislumbrar el grandioso río Cauca como una serpentina plateada.

También podía mirarse desde la finca el campanario, ¡qué dulces recuerdos del campanario! Papá, en los días festivos, nos llevaba allí. Ir a La Popala y no visitar el campanario era no ir.

Hoy, cuando recuerdo la finca, a mamá, a papá, al lago, a los árboles, el cielo, el paisaje, las flores y las innumerables melodías que servían de fondo, me cuesta admirar cada imagen por separado. Una y otra se combinan, una y otra son lo mismo, y yo con ellas.

ALAZANO

Esta mañana, temprano, cuando el sol empezaba a calentar, lo primero que vi fue al gran Alazano. Es un maravilloso animal, de pura sangre, de gran alzada, hermosa crin, patas largas, pelaje entreverado, con un lucero en la frente. Es un caballo de noble corazón.

Le gusta pasearse; atraviesa el arroyo por el puente, saluda a los niños que se bañan; cabalga lento o a toda velocidad, y cuando pasa por la calle que rodea la plaza del pueblo todos voltean la vista para admirarlo.

La abuela Tina hace sonar la campanilla y Alazano viene a la puerta. Ya en el umbral, baja la cabeza para que se la toque. Es un caballo muy codiciado, tiene sus mañas, pero es un gran soñador. Ella lo cuida con esmero.

A Alazano no le gusta que otro lo monte, sino es su dueño, Thomas Gabriel.

Una tarde, paseando por el parque, se asustó por el viento que levantó un remolino de polvo y hojas secas a la sombra de unos repentinos nubarrones. Confuso, echó a correr lleno de espanto en dirección al arroyo.

Apenas alcanza la orilla, le parece que la corriente muge. Se detiene y mira. No lejos de allí hay algazara de niños que corren, agrupándose junto al caudal, crecido por las lluvias de la montaña. Nota que los niños tiran ramas al agua y se da cuenta de lo que ocurre; un compañero de juego ha caído al agua y trata de sostenerse de unas raíces para no ser arrastrado. Agita sus crines al comprender el grave riesgo y, enseguida, corre cuesta arriba.

En trote veloz, Alazano cruza la calle que bordea la plaza hasta llegar frente al portal de la casa de la abuela.

—¿Dónde estabas? —le pregunta la mujer.

Relincha y menea el cuello. Thomas Gabriel llega con una soga en la mano y lo observa; comprende la urgencia. Sin pensarlo dos veces, salta sobre el lomo del animal y se deja llevar en presurosa carrera hacia el arroyo. Al percatarse de lo que ocurre, lanza la soga con certera pericia y atrapa el cuerpo del niño que está a punto de perder sus fuerzas y abandonarse a la furia del río.

El cielo fue cubierto pronto por la morena noche y los nubarrones que presagian el inminente aguacero. Alazano se aleja, alzando las orejas al percibir el "¡hurra!, ¡hurra!" de los niños. Muchos lo saludan con las manos agitándolas al aire; otros, con una ovación, o con aplausos, llenos de admiración.

Cabalgan por el camino de piedras que conduce directamente a la casa de la abuela y, sobre esta, abriéndose paso entre las nubes negras, la luna llena que con el resplandor también lo abraza.

EL ARTE DE MANEJAR

Es el alma de cualquier evento social. Pasa por la época en que quiere ser como un caballo veloz tendiendo sus crines al viento. Siempre ha soñado con conducir el auto más lujoso, el último modelo de la época. No obstante, tiene un problema: no sabe manejar.

En consecuencia, necesita aprobar el curso teórico práctico que determina la ley como requisito para expedir a su nombre la licencia de conducir. Pero no es algo sencillo; no para ella que es una dama con más de cinco décadas a cuestas.

No se trata de que no lo haya intentado. Lo hizo; una vez y hasta dos, sin éxito. Pero dicen que la tercera es la vencida y volvió a tratar de pasar. Venció temores y miedos y, sobre todo, esa falta de coordinación entre el cerebro y los pies que tanto la aterra. Para ella no es sencillo diferenciar la primera de la tercera o de la quinta, o la segunda de la reversa en el pequeño auto de alquiler en que realiza la práctica. Además, esos gritos del instructor hacen saltar a cualquiera. No le parece que sea justa tanta histeria solo porque se sube a los ande- nes o se pasa una luz roja, ni por tener que frenar bruscamente ante vetustos árboles que se aparece frente a ella. Por eso costó más horas, muchas más horas de las previstas, y una gran insistencia, el poder identificar bien los cambios de la marcha y el uso oportuno del acelerador y del freno. Total, es por lo que deben pasar todos, sin dudas.

Al instructor ya solo le resta lo mínimo. Encienda, arranque, frene, estacione. Y, por fin, más que nada para sacársela de encima, le concede el aprobado, y puede ir por su licencia.

Para inaugurar su nueva destreza, sube al auto de sus sueños: un Lexus, porque hay que lucir bien, y esto deben saberlo sus amigas. Les pide que participen en el gran acontecimiento, y de qué otra manera que dando un paseo a cualquier parte. No, mejor un paseo con dirección precisa: al mall.

Salieron entonces de compras. Los nervios y la emoción fueron tan grandes en esa tarde de verano que ocurrieron algunos percances. Nada de consideración, por suerte: en el recorrido, una subida al andén, para variar; un casi-casi atropello al vendedor de periódicos y tres interceptaciones bruscas a otros vehículos. Eso sin contar al gato que subió a un árbol despavorido, tal vez con la cola magullada, todo por culpa del maldito pedal de freno, que se le confundió con el acelerador.

Pero, a pesar de todo, pudo colocar su hermoso Lexus en reversa entre los otros autos para demostrar sus habilidades, y ya iba a recibir aplausos cuando algo inesperado aconteció. El auto, en vez de detenerse en el resalto que marca el final de los estacionamientos, como es debido, siguió su marcha y fue a dar contra la puerta de vidrio del almacén ¡Qué espectáculo!

De inmediato el lugar se llenó de gente, de curiosos. Ella salió del auto, con ojos desorbitados y con movimientos de manos en el aire, gritando:

—¡Vamos, vamos! ¿Es que nunca han visto un Lexus en una vitrina?

Uno de los tantos guardias que rondan por esos lugares se le acercó lentamente, sin quitarle los ojos de encima, como si una fuerza misteriosa le impidiese salir de su asombro, mientras escuchaba a la doña dar su explicación.

—Bueno, en conclusión, no todo es culpa mía. ¡A quién se le ocurre montar una tienda justo atrás de un estacionamiento! ¿No pensaron que esto podía ocurrir?

AMALIA

Esta historia hay que narrarla, porque tengo seguro de que en la vida no todo es pura Casualidad.

Todavía la recuerdo como si eso hubiera sucedido ayer. Ella llegó a la oficina estudiándola atenta y con mucho afán. Una muchacha alta de un blanco como de papel; su cabello suave le caía sobre los hombros. Las manos delicadas enseñaban unas uñas tratadas, y en su rostro resaltaban sus mejillas sonrojadas. La recuerdo paseando la mirada a través de los pasillos y, cuando parece satisfecha de lo que ha visto, llama a la puerta con timidez, preguntando con temblorosa voz de adolescente por el señor Rubén.

Cuando acudí, ya estaba mi padre esperando. Calvo, de frondosa barba, con espejuelos a mitad de nariz.

Me parece verla pidiendo un vaso con agua. Saborea pausadamente el líquido, como un buen catador de vino, sin dejar de recorrer con la mirada las paredes, el escritorio, la silla.

La sigo viendo; me intrigan sus escasas palabras; solo me queda el murmullo de las preguntas a media voz. La mirada de ojos grandes parece sincera. Para mí, sin embargo, no caben misterios ni secretos. Después de todo, ella es así y punto.

Un día, casi llegando la noche, salimos. Caminamos a pie a casa de sus abuelos, con quienes por mucho tiempo había vivido. Nos detuvimos, llamó a la puerta; se abrió casi que de inmediato; apareció la criada.

—¿Está la abuela? —preguntó.

—No —dijo una voz apresurada —Salió con el abuelo.

Esta vez, como la distancia nos parecía muy corta para regresar cada uno a casa, volvimos por la larga y desnuda avenida, alumbrada a esa hora por el resplandor de la luna. Solo al final, entre unos grandes edificios, se dispersaba la penumbra mediante varias luminarias de neón, cuya luz parecía flotar entre jirones de neblina que comenzaban a correr en alas del aire.

La silueta de varios árboles, algunos nuevos, otros longevos, se extendía por el inmenso parque, dibujándose sobre el asfalto.

Ella, con la vista y las manos en los bolsillos, siguió; yo me desvié. La noche se iba haciendo más fresca. Caminó de prisa, continuo con las manos en los bolsillos para mantenerse en calor. A medida que alargaba el paso, el panorama se le hacía siniestro, ligeramente melancólico, por la oscuridad y la sombra de los árboles.

LUZ MARY CASTRILLÓN

Por un instante se asustó; retrocedió unos pasos para ver mejor. Tropezó con algo y cayó al suelo empedrado. Debe haber presentido que detrás de ella venía alguien. Sintió el rumor de unas pisadas que se acercaban; empezó a sudar.

Envolvía la calle un inquietante silencio. El miedo golpeaba su cabeza.

—¡Oh, no! ¡No, por Dios! —dijo para sí.

Observó entonces la cara cubierta con barbas desordenadas, expresando insultos y amenazas con voz ronca, maloliente, a un palmo de su nariz.

—¡Aguanta, Amalia, aguanta! —sollozó, con dientes apretados.

Deseó morir, mientras con aborrecimiento le enterraba las uñas en la piel.

Minutos después levantó un poco la cabeza; movió los ojos y los fijó en un pequeño claro. Entre los árboles escucha cómo, a grandes zancadas, se marcha.

Se sobresalta cuando siente que su mano es tomada con suavidad por una figura oscura. Siente que el conocimiento se le va de pronto; trata de mirarle la cara, pero la ve borrosa, como si no la tuviera. Hasta que, de repente, desapareció como entre sombras.

Amalia volvió días después. Con pasos precipitados acudí a verla. En toda la oficina se experimentaban sentimientos múltiples. Creo que le temblaban las manos en el momento en que la abracé; de pronto, alzó la mirada y vi que tenía los ojos llenos de lágrimas. Me arriesgué con una caricia en la mejilla, mucho antes pensada; la rocé con la yema de los dedos. Ella respondió con una mirada y un gemido, como si el alma le doliera, entonces la besé. Mientras, afuera se escuchaba la lluvia comenzando a caer.

Ese suceso trajo como consecuencia la oportunidad de otros imprevistos encuentros. Cuando me di cuenta de que había empezado a enamorarme, fui dejándoselo saber, poco a poco.

La última vez fue pasado el mediodía cuando sentí su aliento, su aroma. La oficina cerró antes de lo acostumbrado. Quedamos ella y yo, solos. Escuché, incluso, que el reloj daba tres campanadas. Pasó una situación embarazosa. Perdidos en un mar de sensaciones, veo asomar la cabeza de mi pa- dre con una inoportuna mirada, escrutándonos de arriba abajo por la puerta semiabierta. Se me corta la respiración y me ruborizo como un muchacho adolescente. Ella reprime una sonrisa de nervios. Hasta el aire pareció congelarse. Por fin se fue, salió disparado por el pasillo sin decir palabra.

Al día siguiente desperté temiendo un cambio repentino en el humor de mi padre. Me vuelvo a tapar los ojos con el brazo. Lamentaba en ese momento no haber hablado antes con él para decírselo.

Llegué a tiempo a la fábrica. Un rato considerable había transcurrido cuando me di vuelta; él me miró con expresión impenetrable; me pasó el brazo por la cintura, me acercó a él. El viento rugía, entrando por los intersticios de la ventana.

Volvió a mirarme con su característica fijeza. Habló sin rodeos. Su voz sonó decepcionada.

—Amalia es tu hermana, y debes saberlo

Un tumulto de sentimientos pareció huir de mí, dejándome sin fuerzas. Caí de rodillas. Miré por la ventana: las nubes se alargaban formando estelas grises, impulsadas por el viento.

Sin agregar palabras me tendió un viejo sobre naranja, en el que me pareció que venían mis peores presagios. Mi cabeza dio vueltas con ideas confusas. Otra vez miró por la ventana: se avecinaba una tormenta.

Pasaron días, semanas Una mañana radiante estaba yo en el restaurante, en espera de mi padre, cuando un hombre salió del baño que está al lado de la máquina de sodas.

Eché una ojeada y tuve la sensación de que aquel hombre no era otro que el mugriento pordiosero del parque. En su cabeza el cabello enredado y tejido, con una cara en la que se prendía una barbilla desordenada. Tarareaba una canción mientras pasaba por cada mesa extendiendo la mano hacia cada comensal.

Conservaba en mi memoria la descripción que me diera Amalia sobre el sujeto que la atacó. Tuve entonces la completa seguridad de que aquel recuerdo oscuro y este patizambo eran la misma cosa. Mi padre entra en ese momento. Se encuentra parado en el umbral de la puerta, buscándome con la mirada.

El pordiosero lo ve y se precipita hacia la calle, por la puerta opuesta. Su prisa hace que todos vuelvan los ojos hacia él. Mi padre, que lo reconoce a primera ojeada, reacciona diferente.

— ¡Deténgase! —grita —¡Deténganlo!

Al decir eso, alza en cruz los brazos de manera repetitiva, antes de lanzarse a perseguir al prófugo. Me dispongo a seguirlo.

Afuera se escucha un grito y un golpe seco. En el momento en que abro la puerta para salir, mi padre me tiende la mano indicándome que me detenga. Veo mucha gente arremolinada viendo algo; oigo que piden una ambulancia. Pero mi padre sigue con el brazo extendido y la palma abierta

Hasta que habla:

—Quédate adentro, una moto atropelló a ese sujeta.

Arremolinados en la puerta, varios clientes y yo nos miramos, como si tratáramos de entender lo que ocurría. Nadie se atreve a decir lo que piensa.

TOMÁS ANDRÉS

Después de sus clases matutinas, Tomás Andrés y sus compañeros se reúnen en la cancha de Brisas del Golf a jugar fútbol.

En aquel veraniego atardecer, sus amigos formaron dos equipos. Llega Domi, quien hace de árbitro, y empieza el juego.

De repente se escucha un grito.

—¡Oh, no! Jared cayó. Dónovan lo golpeó.

—¡Golpeaste a Jared! —gritó Domi.

—¡Bah! ¿Qué puedes decirme? ¡No fui yo! —explica, con actitud torva.

—¡Escúchame! ¡Yo te vi!

—Sí, sí, nosotros también... —agrega otro.

En un momento se forma el desorden. La alegría termina. Batiendo las manos como ramas al aire, Domi los calma. Llama a Dónovan y le muestra la tarjeta amarilla.

—¡Te portas bien o te vas del juego!

—Lo haré, lo haré. —prometió.

—¡A jugar limpio! —exhorta otro.

Volvieron al juego. Por todos lados hubo goles; se respetó el juego limpio. ¡Hay empate! —anunció Domi.

—Bueno, vamos a desempatar —sugirió Jared.

—Sí, sí—replica Dónovan junto a otras voces.

Continúa el juego y, de pronto, Tomás Andrés ve su oportunidad, acomoda la bola sobre la grama y enseguida la impulsa con el pie derecho. El balón traza una línea curva como si aprovechara el viento de un huracán para encontrar su camino hasta las redes y se acomoda en el centro del arco. El partido se desempató.

Sudorosos, animados, ya sin discusión ni desorden, cada uno recoge sus cosas y toma por su lado, unos en grupo, otros solos. ¡Amigos por siempre!

PUKY Y LA MEDIA DE PAPÁ

Puky es una pequeña peki poodle. De rostro amable, delgado y perruno, tiene el pelo enrulado, parece una bolita de algodón. Sobre su cabeza, un lazo rosa ensartado en un mechón de pelos, y unos flecos que le llegan hasta más abajo de las grandes pestañas, cubriéndole casi por completo los ojos, que parecen dos grandes canicas de cristal. Sobre sus orejas, un manto anacarado de pelo. Lo más curioso es la barba que la hace ver flamante y vigorosa. Las patas, enfundadas en finas motitas, parecen flores de anís, y sus dedos terminan en uñas que se curvan hacia la acolchonada almohadilla plantar.

A Puky no le gustan los fenómenos naturales, en particular los relámpagos y truenos. Cuando ocurren, mira con sus ojos brillantes y jadea para que la protejan. Temblorosa, corre a esconderse entre las piernas de papá; se acuesta en su regazo o en un rinconcito del mueble donde él se encuentra sentado.

Nada le complace más que pedir un pedazo de comida, ladrando. Le gusta hacerlo cuando estamos a la mesa. Salta, corre de un lado a otro probando su fortuna, hasta que alguien la agasaje con un pedazo de pan.

En las tardes, prefiere asomarse por los ventanales. Presiente la llegada de su amo; da botes de una ventana a otra; menea el muñón que queda de la cola y da saltos; quiere alcanzar la perilla y abrir la puerta.

Es muy inteligente, noble y bien educada. Mamá le habla.

—Puky, ¿qué ocurre? ¿Qué husmeas? Puky, ¡aquiétate! ¡Ya basta de andar de aquí para allá! ¡Acuéstate aquí, al lado mío!

Menea entonces su pedacito de rabo, va y se echa, sumisa, a los pies de mamá.

Nos divierte con sus saltos y carreras. Cuando llega papá del trabajo, se arrastra sobre su vientre, mueve su colita, se voltea y se acuesta sobre su espinazo, mostrándole la barriga para que se la rasque. Puky pernocta dentro de la casa. Ahuyenta con ladridos a los menesterosos e inquieta a los gatos que maúllan afuera. Ya bien de madrugada, imita los aullidos de su amigo y vecino Pipión, que no sabe ladrar y, se ponen de acuerdo para imitar el aterrador "¡aúúúúúúúúúú!" del lobo, que se entiende como si estuviera llamando a alguien. "¡raúúúúúúúúúúúllll!" Como nosotros no comprendemos qué pasa, tratamos de tranquilizarla.

—Puky! Puky ¡ya deja de ladrar!

Nos mira y se queda en silencio, pero no por mucho tiempo. Enseguida vuelve a aullar:

LUZ MARY CASTRILLÓN

¡raúúúúúúúúúúúúúúllll!, ¡raúúúúúúúúúúúúúllll! ¿Qué verá Puky en esas noches sin luna y sin estrellas?

Otras veces, cuando no está en vigilia completa, se echa sobre la escalinata y allí parece que pensara en quién sabe qué.

A papá parece que le sucede algo extraño en las mañanas; después del baño, quiere llevar sus medias a la canasta de la ropa sucia, pero solo hay un calcetín. Pensativo, mira aquí, mira allá, mientras se pregunta:

—¿Dónde está la otra?

Sale del cuarto, baja las gradas, llega al prado. Ahí, sobre el césped, ve la media que ya daba por perdida. ¡Qué extraño!, si anoche dejó las dos juntitas. Sacude la cabeza para no poner más atención y sale a su trabajo.

Puky puede ser traviesa, pero siempre está dispuesta a servir y a obedecer ciegamente. Cuando se le regaña, o cuando se le llama la atención de alguna manera, está ahí, dando vueltas en espiral a nuestro alrededor; saltando, acercándose a nosotros, alejándose. Si uno se para, ella se para; si se le llama, ella acude; si se le lanza un hueso, va por él. Se le lanza una pequeña pelota va y la atrapa tan ágil y rápidamente en su boca que nos deja perplejos.

Una vez, hace bastante tiempo, papá quiso saber cuál era el misterio del calcetín perdido.

Pasó gran parte de la noche en vela, vigilando. De pronto, ya entrada la mañana, escucho unos débiles pasos y percibió una pequeña silueta, una especie de montoncito de algodón que se movía. Aquella misteriosa bolita tomó uno de los calcetines y salió, tan despacito y con tanto sigilo como entró.

Papá siguió a la sombra. La vio bajar las gradas, lentamente, una por una, deteniéndose de vez en cuando para a mirar atrás. Cuando se sintió segura de su hazaña, aligeró el paso, bajó el último tramo de los peldaños dando saltitos y corrió por el pasillo como esos animalitos que acaban de dejar su jaula; cruzó por la puerta entreabierta y se alojó en el patio con la media en el hocico.

Papá, como un gatico agazapado, la miró a través del cristal. En el patio Puky se entretenía acariciando, jugando, oliendo y abrazando la media que acababa de sustraer. Misterio solucionado, debe haber pensado papá.

EL RUIDO DE AL LADO

Otro viernes en la noche, otro sábado.

—¡Tomás!

Otro domingo. Domingo hermoso, tranquilo y gris. No, ya no está tranquilo, solo gris.

Mangy y yo estamos despiertos en esta mañana.

El vecino le sube el tono al equipo y las notas estallan con tal estridencia que parece que rugen los infiernos.

No hay aislante para el ruido. Los grandes ventanales son un colador que deja pasar el estruendo de la descarga de ladrillos esparciéndose por todas partes. Al levantar la mirada, la visión no produce ningún alivio: por los andamios en torno a la casa se mueve la arena, los metales, el cemento, los obreros.

Además, nos acompaña la jarana del nuevo carro de Simón, el vaquero. Un Dodge al que le ha puesto un claxon de ambulancia del que sale un guiuuuuugiiuuuu, wiiiiiiuuuuuuuun, que se une al tum, tumtum, pum, pump, del grandísimo equipo de sonido de Juventino. Semejante fragor; produce un zumbido: Zzz zzz, acompañado de hum, hum, hum que hace vibrar el ambiente.

En el jardín, la cocina, en la segunda planta, en las habitaciones de Paola y Tomás Andrés, revienta el jaleo, y se esparce por todos los espacios posibles hasta llegar al de Thomás Gabriel. Este es el demonio que habita también en mi cuarto. Entran por los oídos, bajan al estómago, llenan todos los órganos y después, como si fuera un mazo, me golpea la base del cráneo.

Todo el día la música lanza sonidos tan impactantes que estrangulan el ambiente. Si fuera instrumental sería muy bueno. Es tan fuerte la intensidad que destruye por completo la letra, no tiene claridad ¡qué lástima de letra!

Paola y yo pretendemos imponer silencio a fuerza de gritos, pero no parece ser posible que lleguen hasta allá, todo se encuentra tan empapado de bullicio y, sin dudas, el intrépido ruido parece que ha enfermado al hombre flaco y pálido de sordera. La mujer de esa casa, gorda, de ojos saltones y grandes como los de una vaca, ha de estar contaminada también, y la hija, una pequeña de unos tres años, rubia y con ojos chispeantes, algunas veces grita: "¿No me escuchas, papá? ¡Baja eso! ¡Papá, te estoy hablando!". Tampoco a ella la escuchan.

Al caer la tarde parlotea, como si cada fin de semana celebrara una gran fiesta. Por fin, la cosa se acaba a las siete, cada domingo.

Algunas veces el viernes y sábado, pasada las doce de la noche, se hace el silencio. Cuando eso sucede, si mis nervios aún se hallan en condiciones, puedo gozar de una paz efímera.

Como consecuencia de esos ruidos nocturnos, he obtenido una solución: un tapón. Es de goma naranja, de esos que usan los que trabajan en los aeropuertos.

Es un poco desagradable eso de taparse los oídos en casa; y lo peor es que no aíslan del todo; pero de todos modos es un remedio.

Creo que lo ideal serían unas esferas aislantes, herméticas, unas en las que pudiera acomodarme para dormir. En ese espacio sellado por completo, el ruido no dañaría mis oídos, que me hace padecer, que irritan.

LA MANTIS RELIGIOSA

Apenas me levanto esa mañana, calzo las sandalias caseras y miro el reloj. De inmediato
levanto los brazos al cielo, al comprobar que aún
no son las seis, lo que me permite quedarme en la
cama un tiempo más. La televisión está encendida;
las cortinas verticales, medio abiertas, dejan pasar
levemente algunos rayos del amanecer. Entonces...
No puedo describir el efecto que me produjo
saber cómo un sonajero podía cantar colores, y
ver a una avispa frutera terminar unida a mi dedo
índice de la mano izquierda, convertida en mantis
religiosa.

Recuerdo que salí a la calle, a buscar no sé qué
a la casa vecina. Ahí terminé hablando con una
señora gorda, de unos cincuenta años, con nariz de
loro y ojos grandes como botones centellantes de
picardía. Llevaba la cabeza descubierta, dejando al
aire sus cabellos de un desvanecido gris con hebras
negras.- De la cadena que rodeaba el cuello
rollizo pendía una reluciente medalla con forma de
sona- jero en alto relieve.

Me llamó la atención que, a esas horas, con el
sol ya alto y un calor creciente, llevase traje grueso,
como de terlenka.

—¡Oh! ¡Pero qué sorpresa! —me dice.

Frunzo el ceño antes de preguntarle si la conozco. Ella ríe, maliciosa, al contestarme:

—De aquí mismo. Veo que no se ha molestado en pasar.

La miro, desconcertada, y alzo los hombros.

—Disculpe, no acostumbro tratar con gente extraña.

Ella está sentada en una silla mecedora en el estacionamiento de su dúplex amarillo; sostiene un vaso de agua que de vez en cuando se lleva a la boca. Levanta un juguete con la mano. Y pronuncia silábicamente, con una risita bailándole en los labios:

—Es un so-na-je-ro —lo agita de lado a lado. —So-na-je-ro.

De inmediato, sale de un zaguán escondido al lado de la cochera, retorciendo los dedos de las manos, una muchacha; horriblemente delgada. Es alta, con cabello negro y un mechón que le cae a la mitad de la frente. En su cara ovalada, los ojos negros están fijos en mí. Mientras la vieja suena el juguete al moverlo, se instala al lado de ella, y le rodea el cuello con su enjuto brazo. Lleva la boca pintada de rojo, abierta. Entre risotadas, mira el sonajero.

—¡Cuidado que lo daña! —con tono sarcástico se dirige a mí.

Arrugo el ceño de nuevo. No logro entender lo que pasa. No tengo todavía en mis manos el sonajero y esta muchacha descortés me habla así.

—Cuidado con dañarlo —me repite, sin quitarme los ojos de encima.

Me intimida con sus grandes ojos y su boca pintada de rojo sobre su cara ovalada. La vieja se balancea con los codos puestos en los brazos de la ahumada mecedora. Va, viene, sus piernas en el aire; haciendo una rutina particular.

En tanto se mece, estira la mano, me ofrece el sonajero. Con la mano en el aire, me dice:

—Ahora que está aquí, espero que se sienta como en su casa. Está invitada.

En este momento se adelanta la muchacha y, con su risa loca, añade:

—¡Hola! Me llamo Mar...

No me aguanté más y la interrumpí, mirándola a los ojos:

—Óigame, muchacha, ¿puede usted dejarme tranquila?

Se tapa la cara ovalada con las manos. Esperé el fin de las risas; sin embargo, cuando se descubre, vuelven a estallar.

—¡Fuera, muchacha babosa! ¡No la quiero ver ni escuchar más! —le digo.

Entonces, en el instante en que se marcha y sale corriendo, pude ver sobre la espalda de su ceñida blusa un rótulo: un rombo con una esfera dentro, en grande, que cambia de colores.

Luego recojo el sonajero con la yema del pulgar y del índice de mi mano izquierda. No sé por qué no lo sostuve por el mango. Confundida, miro ese extraño rombo. Nunca vi algo igual; no tiene cascabeles, veo yaces.

Un paralelogramo de cristal, con una ventana de diez centímetros en la parte superior y dentro una esfera diáfana de ocho centímetros de diámetro y en esta, a su vez, piezas de yaces, de tantos colores, habidos y por haber, que se anunciaban con vocecitas que los nombraban y adjetivaban.

—Es asombroso —dije para mí misma.

Todo es tan mágico, que es difícil hacer una descripción de aquel "amarillo soleado" del cuadrilátero. Más complicado sería nombrar los colores de los yaces que la vocecita canta. Escucho decir "tranquilizador" y todo el sonador se hace rosado. "Feliz", y se pinta de rojo; "esperanzado", y aparece el verde; "confiado", y viene el azul; "espiritual", y sale el violeta. Entonces grita "alegre", y aparece el naranja; "puro", y llega el blanco; "fresco" y se convierte en celeste; "contemplativo", y se vuelve gris; "mágico", y todo se vuelve negro.

Así continúa la vocecita, exclamando leal, responsable, sabio, relajante, sereno, divertido, suave, y surge un nuevo color cada vez.

De repente reconozco los colores del arcoíris: rojo vital, naranja curador, amarillo sol, verde natural, azul armónico, violeta espiritual. Tan sorprendente como la magia que nos divierte, y que no logramos entender el secreto que hay detrás de la ilusión que vemos.

Fueron trascurriendo los momentos, mientras permanecía con la boca abierta. No entendí muy bien la actitud de la muchacha, ni lo que pasaba con el sonajero. Los párpados me temblaban cuando precipitadamente aparece Mar de nuevo, me arrebata el sonajero y se marcha.

Después de todo eso, crucé a paso rápido la calle. Tomo la perilla, abro la puerta, subo los peldaños de la escalera, entro al cuarto. Mi habitación no es muy grande, es la compañera ideal: en sus cuatro paredes he vivido momentos de alegría; también atestigua sobre otros acontecimientos. Blanca las cuatro pa- redes y una cama matrimonial canadiense. Al lado derecho de la cama, una ventana grande que permite que entren corrientes de aire; cuenta con una cortina vertical color bosque y, al otro lado de la cama, un sofá también canadiense forrado en cuero de un chocolate desvanecido. Este mueble es versátil: tiene forma de una ce, y siempre lo acompañan su envolvente aroma y su suave textura. La sensación de calidez que brinda hace que tenga un enorme cui- dado por él, del otro lado, un clóset y baño completo.

LUZ MARY CASTRILLÓN

En una esquina, sobre uno de los brazos del sofá canadiense, reposa una pequeña y húmeda toalla.

Por un instante, a través del cristal de la ventana, veo cómo al frente, de manera incomprensible, se alza una fábrica en la cochera del dúplex amarillo, con un anuncio apenas visible tras la cortina de niebla: "**Se venden sonajeros**".

Y sentada en la mecedora, la vieja gorda con nariz de pico de loro y ojos grandes, centelleantes de picardía‼ En mi cara se abrió tamaña boca. ¡Son los dueños!

Mientras miraba a través del cristal, aparece volando un insecto con apariencia de avispa solitaria. Unos ojos grandes y saltones, de un cobrizo encendido, justo a los lados de la cabeza, y dos largas antenitas. Se ventila con sus alas traslúcidas; con sus esqueléticas piernas se apoya fuerte a la pared. Noto el ovopositor, más largo que el cuerpo, y me aterrorizó.

Mis ojos se sorprenden ante aquella presencia, que es más grande de lo normal. Me sentí intimidada. La relación con animales extraños siempre me ha provocado angustia, desesperación, aversión.

Incliné la cabeza como para ver mejor: la avispa emprendió vuelo de nuevo y aterriza sobre la cortina vertical, mientras la toalla húmeda se escurre del mueble. Cuando miro al insecto, noto que me sonríe. Abre y cierra repetidamente sus mandíbulas, mueve su cuerpo, parece danzar. Recordé lo acontecido con el sonajero, y a Mar.

Muevo los ojos. No podía creerlo: en el mismo instante en el que se balanceaba me hacía señas de que me acercara. Levanta la pata, me llama. Asombrada, me llevé la mano a la boca y retrocedí; lentamente sin perderla de vista. Ventilaba sus alas convulsivamente; parecía comer pedacitos de la cortina, gesticulaba. ¡Parecía reír!

Levanté la toalla e hice remolinos en el aire; quería que se fuera. Sin dejar de mirarme, inició una vuelta. Voló más y más rápido, hasta que se lanzó hacia mí. Me desorienté, atemorizada; caí sentada en la cama. En ese momento la vi frente a mi cara; alcé las manos para protegerme y en el instante se prendió de la yema de mi dedo índice izquierdo.

Veo que el insecto está mirándome. No me quita los ojos de encima. Me quedo quieta, mientras empieza a envolver con una sustancia semejante a papel masticado que sale de su mandíbula la falange del índice.

La amenazo, le grito y le lanzo insultos mentales. Trabaja a toda prisa. Me deja con la boca abierta y parpadeando. Nos miramos fijamente a los ojos. Ha tomado mi falange como anfitrión reproductivo. Recordé la lección de Ciencias Naturales, donde aprendimos que estas avispas paralizan a la presa inyectándole veneno a través de su ovopositor; después insertan uno o más huevos en su huésped. ¡Qué terror! El anfitrión se mantiene con vida hasta que la larva del parasitoide se madura, ¡ay, Dios!, y solo entonces muere.

Siento el dedo entumecerse, amoratarse y con dolor. Habrá de morir cuando la pupa emerja como adulto. Todo esto calcina mi mente. ¡Hay un parasitoide en mi dedo!

Mientras pienso todo esto, el insecto continúa enrollando mi dedo. Siento en la yema un hormigueo, unas cosquillas espantosas, insoportables. Mastica, se limpia las esqueléticas piernas y continúa su proceso. ¡Hace un nido en mi dedo!

La bruma cubría la ventana; me sentía atormentada y castigada. Aquel cruel animal no se conmovía. Me horroriza esa sensación que nace en mi dedo; me molesta, me enloquece, me fastidia. Es evidente que siente enojo hacia mí. Su actitud me asusta. Debo quitármelo de encima. Fui despacito, acercando el índice y el pulgar de la derecha, procurando tomarle la cabeza por la parte de atrás y lanzarlo lejos de una vez por todas. Fue enorme la valentía de mis dos dedos para arrancarlo de un solo tirón. Pensé que eso sería todo, pero no. Era el final de un comienzo tormentoso.

Al mismo tiempo que las ventanas se cubrían con la humedad de la mañana, la avispa va sufriendo una metamorfosis de espanto.

Ligeramente, como una fugaz luz, lo que queda de cuerpo se le va alterando hasta hacerse un insecto largo y estrecho como una varita de mirto. Su abdomen va tomando la forma de otro animal. No lo puedo creer: ¡una mantis religiosa! Una mantis religiosa que pasea la mirada por toda la habitación, y cuyo verde cuerpo se va camuflando descaradamente con el amoratado color de la falange. Unas antenas salen de su cabeza, coronado por ojos de dorado grisáceo que parecen lentes.

A medida que cambia de color, arranca pedacitos de piel. En eso, gira su cabeza triangular sobre el tórax alargado para ver sobre su hombro mi cara de terror. Con las patas recogidas adelante parece que rezara por mis penas.

Mientras veo cómo se alimenta de mi dedo, pienso en su conducta amatoria. ¿Habrá confundido mi índice con su pareja? Voltea la cabeza, nos encontramos frente a frente. Se frota las patas; acecha, disfruta, saborea, pellizca mi índice. Mentalmente me dice: "¡Mi falange, mi cuarto, mi pared!". Me está volviendo loca.

No siento temor ya por la aparición de la mantis; mi temor es por lo que me hace sentir. Con sus ojos clavados en los míos, se balancea de un lado a otro, su cuerpo vibra como si concentrara todas sus fuerzas y tomara venganza.

Por otra parte, no niego que hasta cierto punto soy culpable de mi desgracia. Mi infortunado dedo amoratado, inmóvil, como anestesiado, hace que de pronto mi cabeza dé vueltas. La mantis abre y cierra las mandíbulas; me deja con la boca abierta, las pestañas temblando. Tengo la sensación de que se mofa de mí y que, de un momento a otro, mi falange se va a desprender.

Con lágrimas en los ojos y sentimientos encontrados, me digo que debo hacer algo, ¡que esto se tiene que acabar!

En mi pensamiento solo brilla el enojo por las burlas de la siniestra mantis religiosa. Ahora repite, remeda mis movimientos. Mientras tanto, afuera, en la calle, el ambiente se va despejando. Tomo fuerzas y vuelvo a hacer lo mismo que con la avispa. Con alevosía tomé la parte trasera de su cabeza. ¡Quiero arrancarla, arrancarla! Pero entonces mis ojos se aterrorizan por la impresión cuando contemplo, con sorpresa, que de lo poco que veo de mi dedo sale otra diminuta mantis con la misma actitud burlona ante mi intención de exterminio.

Sueno los dedos para que se suelte. Mentalmente me dice: "Si forcejeas, te ataré toda la mano˝. Su rostro sin mentón y sus monstruosos ojos parecían lanzar una amenaza de verdad.

Mi decisión es definitiva. Quiero acabar de una vez por todas con aquella condición que me deteriora, ahora con mayor firmeza. Tomo con fuerza la diminuta mantis y en cadena van saliendo una a una; hay un nido de mantis. Con los ojos asustados empecé a quitar la tela de malla que las rodea. Parecía una cinta adhesiva; es una sensación de estar atado con miles y miles de hilos pegajosos.

Corrí al cuarto de baño, abrí la llave del lavamanos. Dejé correr el agua sobre el índice. La fuerza del agua fue quitando lo que queda del capullo, asimismo las mantis religiosas en miniatura se des- lizan por el lavabo y con ellas fue desapareciendo también la sensación de dolor y el sentimiento de miedo y terror.

Vuelvo a la ventana, abro la cortina vertical color bosque y tras el cristal, observo a mi vecina sentada en el estacionamiento; meciéndose en la mecedora con el sonajero en el índice de la mano izquierda. Mar sentada detrás de la vitrina, a la sombra de un inmenso almacén que acaban de comprar. Un gran local donde venden sonajeros que cantan colores.

Giro mi cabeza y ahí está la cama matrimonial, el sofá canadiense humedecido en la esquina superior por la pequeña toalla que olvidé por el estupor y la sorpresa de cómo una avispa frutera se convirtió en mantis religiosa.

Entonces despierto. Todavía se escuchan las voces que salen del televisor. Miro y veo la sábana tirada en el suelo y el confortable sofá húmedo. El reloj da nueve campanadas.

El sol hace rato salió y con su calor la bruma se despeja en los cristales.

SUEÑO DE AGOSTO

En lo más profundo de mi sueño, me vi en lo abismal del mar, ante un gigantesco cuerpo alargado, veloz, que parece contar con una pluma de ave con la que se impulsa, al igual que con no sé cuántos tentáculos. Puedo determinar, eso sí, que dos de ellos son más largos que los demás. Y es como si contara con una manguera a chorro para moverse. Al tratar de ocultarse, noto cómo se desprende un fluido negro que enturbia el agua. Debe ser un calamar. ¿O es un pulpo? ¡Es un calamar!

Lo vi brillar en la oscuridad del suelo marino, su piel lograba tonos verdes, rojos, naranja, azules variados. Brillantes colores.

De pronto se impulsó y me sentí perseguida, no sé cuál era su intención, pero con su comportamiento me vi amenazada; cambió rápido de color púrpura a blanco, y tal vez se propuso aturdirme con su luz fluorescente, ¿o quería comunicarse conmigo? No lo sé. No entendí su mensaje.

Me siguió. Parecía una competencia. Nadé has- ta volver a aguas claras y menos profundas, donde la luz solar dejaba apreciar la fábrica de colonias de arrecifes coralinos en sus formas y colores que se extiende en el suelo marino.

Luz Mary Castrillón

Como vi que el calamar era rápido y persistente, comencé a llamarlo "Corredín" quizás para minimizar la amenaza. Al mismo tiempo cuando yo iba perdiendo las fuerzas, un grupo de animales empezó a moverse a mi lado, como una escolta. No podía determinar qué clase de animales marinos eran aquellos, pero uno que parecía un delfín me ayudó a llegar hasta donde las olas se unen con la playa. Los otros dieron la vuelta nadando y se perdieron. Después quedé de pie sobre la arena, "Corredín" me echó una larga y última mirada para desaparecer en el perfecto mar. Es probable que él solo quiera jugar.

LA CASA DE LA COLINA

En el horizonte, una franja anacarada une el cielo con el mar. Una playa, en un hermoso océano. La costa inmensa, cubierta de arena y grava suelta, limpia, sin vetas de fango ni suciedad.

En un inmenso plano aluvial, la sombra de un grupo de mangles verdes. Después de los mangles, bajo el sol del atardecer, una casa en un nicho excavado en la tierra; parecía abandonada, cargada de misterios sombríos. Da algo de miedo observar cómo una estela gris la recubre bajo el cielo despejado.

En ese momento, la arena con el viento formaba grandes capas onduladas, como si fueran olas.

Me dirijo allí, sobre las dunas una calle que me lleva a aquella casita antigua de madera. Sencilla, pequeña, pero cómoda. Además de estas virtudes, no tiene importancia las tejas acabadas por el tiempo. En lo personal, el colorido de su construcción, una mezcla de tablones y pilotes me llama la atención.

Afuera de ella, una mujer con un niño en brazos. Un bebé posiblemente de más de un año ya camina, y luce unas lanas chocolates como cabello. Una lozana piel que no me atrevo a tocar, y en su cara dos ojos grandes como botones de avellana.

LUZ MARY CASTRILLÓN

No alcanzo a determinar su contextura, si rollizo o delgado, cuando me recibe a gritos. Esa vocecita penetró en mis oídos como un clamor. Pegado de manos y pies al torso de la madre no deja de gemir.

Ella que me ve llegar, sonríe amablemente, se le arruga la comisura de los ojos. No puedo evitar sonreír.

—No pasa nada —suspira.

Me acerco. Detrás de ella, echo un vistazo a la puerta de madera caoba. Más allá, una ventanita de un solo paño, también madera.

—¿Quiere tomar algo?

—No, no.

—¿Quiere agua? —cuando me pregunta, al mismo tiempo arrulla a la criatura en brazos.

Al ver que no se calma le sumerge el pulgar en la boca para disminuir el llanto que persiste; para tranquilidad de ella, le extiendo los brazos y me lo entrega. Se llama Ney. Lo miro desde arriba, y sonríe al verme. Creo que le caigo bien. De manera que iniciamos un juego.

Actúo por momentos de manera alegre y, otras, triste, y le gusta. Lo sostengo en la punta de los dedos de los pies; corre de allá para acá; doy a sujetar mis manos mientras él me da las suyas. Lo siento en el piso y da volteretas, cantamos con las palmas. Escondo mi cara entre las manos y luego se la enseño. Lo llevo a los hombros, lo monto a mi espalda, lo lanzo arriba, a los aires, luego lo recojo en mis manos.

Invento un tobogán en la duna, ahí me inquieto. Lo llevó arriba y bajo corriendo a esperarlo. De repente, Ney da un grito extraño y se lanza con tanta energía que parece que volará. Él ya no era el de antes. En el último instante logro asirlo, asustada. Lo tomo en brazos y vuelvo a llevarle a su madre.

Casi enseguida el llanto regresa, de manera que decidimos entrar a la casa. Adentro se siente una presencia extraña. Las sensaciones alertan sentidos y sentimientos, por la serie de acontecimientos explicables, pero mal interpretados por mis sentidos; puesto que están bajo el efecto de mi imaginación, y el mismo aspecto de la pequeña casita no ayuda mucho a pensar distino.

Percibo cierto humo que flota sin que haya chimenea; en ese mismo momento una ráfaga de viento entra por la puerta. Ahora presiento una presencia detrás de mí, doy vuelta a mi cabeza con brusquedad, pero es mera sensación. No vi nada.

Abandonada a un sentimiento de paranoia, cada ruido, del tipo que sea, hace que me tiemblen las piernas. Entonces Ney dice algo que me consuela.

—Escucha, mamá.

—Sí, sí —dice la madre en un siseo— Escucho.

Pensé en la proximidad de una tormenta, o de vientos fríos que se avecinan. Quiero saber qué es eso, vi la cara de estupor de la mujer. En medio de mi terror es imposible ver y escuchar las cosas con serenidad.

Un par de segundos después, las cosas de la casa giran y, casi en el acto, se oyen exclamaciones y más ruidos. Las láminas de la ahumada puerta y la ventana se abren, se cierran. El llanto de Ney no cesa, tampoco los arrullos de la madre.

Vuelvo a extenderle los brazos. Se abalanzó encima de mí, se apretó tan fuerte a mi cuello, de tal manera que no podía desprenderlo. Al mismo tiempo aparece un humillo, una forma extraña, una figura fantasmal, demoníaca, y se posa sobre la madre. Traté de llevarme a Ney, pero no sé adónde. Procuro salir, escapar, pero antes he tenido que mi- rar cómo la sombra va cubriendo la forma del cuer- po de la mujer, se hacen uno. Su físico cambió por completo, y de él ahora sale una sustancia, especie de plasma.

—¡Quien sea, lo que sea, lárguese! —mi grito resuena en toda la casa.

Tengo la intención de escapar, pero mis fuerzas no dan, Las tapas de las ollas y los platos inician un baileteo por el aire. Me abrazo a Ney, temo que pueda ser herido. En mi desesperación, recordé una película de exorcismo, en la que se rezaban

Padrenuestros y avemarías con una cruz danzante. Yo también lo hice, arrancado un crucifijo de la pared, a gritos, recitando todas las oraciones que pude recordar. Así continué, casi sin tomar aliento, hasta que el cuerpo de ella salió como por encanto. Después, con una segunda descarga de oraciones, pedí con todas las fuerzas, hasta que de nuevo la serenidad llegó.

Restablecido el valor y el ánimo, hubo un silencio pesaroso, hasta que escucho la voz de ella que dice:

—Estás exponiendo tu vida en cada segundo que pasa.

Se escucha entonces un quejido, era el chillido de las puertas de un envejecido clóset que se abre. Corrí hacia él, apurada, como un perro cuando se le tira el hueso. Dentro vi un pequeño cofre de madera, cerrado. Casi de una vez, una voz se hizo oír:

—Ven aquí. Aquí tengo las llaves.

Se oye otro ruido, son las llaves del baúl que caen al suelo. Me percato de que la nubecilla de humo tiene un acompañante. Otra sombra. Y esta trata de mantener al humo fuera del cuerpo de la mujer.

Se nota que hay una lucha de sometimiento; desde luego yo también intervengo con mi juego de palabras. Una sombra fuerte, poderosa, desató una energía como una avalancha y reduce a la otra.

Mientras ladeo la cabeza, presto oídos a un sonido. Poco después se oye una voz que me dice:

—Abra el cofre, abra el cofre

Angustiada, me vuelvo, débil, con los ojos en la tierra. De nuevo escucho:

—Vas a entrar, me vas a respetar. Soy el ángel San Gabriel.

A juzgar por las entonaciones, ninguna sílaba llegó a mis oídos. Parece que todo fue telepáticamente.

Miro alrededor y calculo que, después de todo, el daño no fue tan grande. No había perecido ninguno de nosotros. La casita ahora podía verse perfectamente. En ese momento, desperté.

Dentro de mi cuarto el resplandor de la luna centelleaba sobre los techos. Suspiro, aliviada, y me dispongo a retomar el sueño. Pero en ese momento percibo con claridad un movimiento debajo de mi cama, como si algo intentara revolver sus tentáculos en ese estrecho espacio y, casi al unísono, percibo un extraño llanto de niño.

—Ney —siseo.

LAS HORMIGAS

De las afueras de Condado del Rey, una leve brisa abanica las hojas de un árbol añoso, todavía verde, deslizándose con suaves movimientos entre el follaje.

Rosario camina por los andenes que rodean el hermoso parque. Siente la necesidad de descansar, disfruta sentarse al borde de la cera, todavía húmeda por la lluvia mañanera.

Se siente dichosa por sentir suelo firme bajo sus pies y refrescarse con el viento frío que sopla en torno suyo, a la sombra del viejo árbol de dulces cabeceos, de cuyas ramas cuelgan multitud de lianas que van a descansar al suelo pedregoso.

Cerca de allí, sus hermanos juegan fútbol en la cancha. Ella porta el almuerzo: arroz, maíz, plátano maduro, pollo cocido, soda y agua.

Pasmada y llena de admiración, los ojos de Rosario, de un iris azul con betas canela, se abren con asombro ante la imagen de innumerables hormigas de un color marrón oscuro que bajan, haciendo un largo recorrido hasta alcanzar unos arbustos. Unas van, otras vienen, acarreando hojas que han cortado con sus fuertes mandíbulas. Algunas se saludan con sus pequeñas antenitas que surgen de sus cabezas

LUZ MARY CASTRILLÓN

ovaladas. Cuando las mira bien, nota que el cuerpo está lleno de espinas, lo que les da apariencia de un monstruo en miniatura, capaz de cargar semejante peso sobre el espaldar. Con qué rapidez mueven sus patas en su tarea vertiginosa. Ella sabe, porque lo ha estudiado, que debajo de ese montículo del que salen de la tierra está el nidal, adentro, muy adentro, y ahí esos pedacitos de hojas se descompondrán hasta producir un hongo que será su alimento.

Mientras camina, Rosario ve que, por otro lado, una comunidad distinta de hormigas se muda sin ningún problema y sin que importe nada. Siempre unidas y a la carrera.

Sus hermosos ojos, parecidos a los de un husky siberiano, no se cansan de admirar a este ejército de hormigas, mientras que el viento roza su cabello y sus rosadas mejillas. Ella sigue su paseo por el parque y, cuando da vuelta a la cabeza, adornada con flecos dorados que le caen a mitad de frente, observa que, junto al añoso árbol, otra colonia de hormigas sale a dar un paseo.

Está viéndolas cuando, de la fila, unase separa, como si detectara algo, y viene directo hacia ella.

La mente de Rosario vaga. La sacude la idea de brindarle algo. Se acerca y le riega partecitas de su comida.

La brisa golpea fuerte las ramas, haciendo un sonido como de la ola en el mar. Entre tanto, la hormiga parece oler con las antenas, enseguida se las limpia, al igual que sus mandíbulas, con las patas delanteras; su abdomen en forma de corazón parece estar sobre la cabeza. Se ve gracioso cómo su amarillento, oscuro cuerpo, aparenta regresar al hormiguero.

Rosario intenta comprender la naturaleza de aquellos insectos, mientras la hormiga recoge un pedacito de comida, diez veces mayor que ella, da la vuelta y se marcha. Ahora ella diría que no es una hormiga, sino un trozo de plátano maduro en marcha, rumbo al hormiguero.

Antes de alcanzar su meta, decenas salen del túnel, la cubren como en un abrazo de distintas formas, se acarician mutuamente. Parecen hablar de algo.

Entonces, al cabo de un rato, se queda de pronto, con la mirada clavada en el suelo. De todos los lugares llegaban y se iban hormigas de diferente clase, tamaño y color. Forman una comitiva, se dispersan en el campo verde, por el pasto, por la tierra enraizada del añoso árbol.

Muchas se tambaleaban ligeramente de un lado a otro; otras se acumulaban, inmovilizadas por el olor. Todas sus antenas dirigidas a la misma dirección: la comida.

Parecían figuritas en miniatura que trabajaban en armonía; como enzarzadas en una pelea.

LUZ MARY CASTRILLÓN

Se estremecen, retuercen sus miembros como si tuvieran calambres en sus enjutas piernas. Unas y otras, cual si fuesen arrastradas por un golpe de viento, se precipitaron al mismo tiempo con tanta disciplina que se desploman en tropel y con tanta organización sobre la comida que, en silencio, no dejan rastro.

Rosario siente entonces unas pequeñas sacudidas, quiere parecerse a las hormigas; un deseo irresistible de precipitarse con ellas le invade. Se esforzó por permanecer inmóvil, mientras aquel comando lento, muy lentamente, acababa con los últimos rastros de la cena.

Ya el viento se ha calmado. En el parque se respira una brisa fresca. Entonces consigue volverse, y abrirse camino hacia adelante, paso a paso, como si luchara contra una poderosa corriente. Mira por última vez al batallón que deja atrás y en ese momento, siente como si hubiera recibido un golpe en la cabeza; tropezó, cayó de bruces al empedrado piso. Se levantó, miro a todos lados y sin pensarlo, sigue. Solo se detuvo para abrir la puerta del carro y relajarse. Apenas en ese instante se da cuenta de lo extenso que es el parque, rodeado de innumerables árboles.

Ahora, este amplio campo está lleno de carros con una confusión de sonidos y gritos de niños jugando; todos allí reunidos, en grupos pequeños y grandes.

Rato más tarde aparecen Tomás, Paola y Gabriel. Y juntos, envueltos en silencio, se retiraron a toda velocidad, sin volver la cabeza ni una sola vez.

MATÍAS, UN CABALLO SINGULAR

Desde muy pequeño, Matías, el caballo azabache de la abuela Gabriela, quedó huérfano. Alguna mañana relincha y se muestra inquieto, como si estuviese molesto.

La abuela, en silencio y con cuidado, se le acerca; desliza su mano desde la cabeza hasta la cola, inserta sus dedos en la cascada de pelos de la crin y los deja rodar; luego, pasa la mano por el lomo y le da palmaditas, mientras pregunta:

—¿Qué pasa? ¿Qué quieres?

Con su dedo señala a la distancia:

—¿Quieres ir a la sombra de los árboles? ¿Deseas estar bajo el follaje del jardín? ¿O debajo de las palmeras?

Matías agacha la cabeza, a empujones hace insinuaciones; con el movimiento del hocico parece decirle lo que quiere. Y lo que quiere es que lo lleve bajo la sombra de las palmeras.

Ya en las palmeras, Matías corre, gira a su alrededor, cabecea, golpea el tronco una y otra vez, hasta que, con un ruido como si cayera del cielo, se desprende una gran pipa, su dura corteza se agrieta, dejando manar la dulce agua que contiene.

Matías se relame y acude, presuroso, ante la fruta y saborea el néctar.

Por las mañanas, Matías juguetea, brinca, da grandes saltos y cuando corre parece que volara alrededor de la casa. Sabe cómo abrir la puerta que da paso al pórtico y, ya cansado, entra y arrima el hocico acariciando la blanca cabellera de la abuela. Ella le pregunta:

—¿Tiene sed?

Lo invita a tomar agua, le acerca un recipiente lleno, pero no la prueba; pone sal al agua y se la vuelve a ofrecer; menos. No la quiere beber. Ahora empieza a caminar por el patio hasta que alcanza la sombra de las palmeras y les da vueltas. La abuela dice que comprende el lenguaje de Matías.

—¡Oh! De veras, el agua de pipa... —murmuro la abuela mientras lo ve cómo comienza a golpear el tronco.

No es un caballo cualquiera, es Matías, el caballo azabache de la abuela Gabriela.

REYES Y SU GRAN DESEO

La abuela Faustina siempre sabe cuándo el veloz Palomino quiere dar un paseo. Ella observa al caballo, de gran porte y largas crines blancas, lo ve alzar la cabeza una y otra vez, como si mordisqueara bocados de aire. Entonces le pasa la mano por la frente y llama a su nieto.

—¡Reyes! ¡Reyes, ven!

Cuando aparece el muchacho, le da sus indicaciones, sin quitar la vista de encima al caballo.

—Dice Palomino que quiere pasear. Ve con él.

Reyes se pasa la mano por el rostro cubierto de sudor; acababa de llegar del estero, se siente cansado, pero sabe que los deseos de la abuela, y los de Palomino, son órdenes. Entra a la casa brevemente y sale con su sombrero puesto; de un salto sube al caballo y le dice:

—¡Vamos a dar un paseo, cabezón!

Palomino alza la cabeza, la echa hacia delante y lanza un relinche. Un relámpago pasa por sus ojos e inicia el trote, feliz.

Reyes se deja llevar, a buen paso cruzan el arroyo por el puente de madera que da a la vereda vecina. Mira cómo juegan los niños, saluda a los que se bañan; observa a unos que, en la ribera, se detienen y le silban a verlo pasae. Otros levantan las manos con una lluvia de aplausos y le gritan:

—¡Hurra, hurra! ¡Corre, ¡Palomino, corre!

Hay en sus voces un encanto especial. Los niños son amigos de Reyes, también de Palomino. Palomino los divierte cuando alguno de ellos se monta a su lomo, lo pasea al trote orgulloso; por eso los niños lo miman y lo halagan. Han aprendido mucho de su silencio animal, que del silencio también se aprende.

Se alejan entonces de la vereda vecina cabalgando. Y, ante la sabana que se abre frente a ellos, de pronto, Palomino emprende una carrera.

—Espera, no tengas tanta prisa. —le indica el muchacho.

Diciendo esto, caballo y jinete son libertad en movimiento, cabalgan por esa inmensa llanura donde pocos son los que logran contener las ganas de cantar.

Cuando la abuela Faustina oye los cascos de Palomino resonar en la distancia, abre la puerta de entrada. Sale a recibirlos.

—¡Qué buen paseo! —murmura.

Reyes se lanza del animal al suelo y oculta el rostro en el regazo de la abuela, con un gran abrazo. Ella se siente enternecida. Una de sus manos está sobre la frente del caballo y la otra, rodea la espalda del nieto. Luego, le ofrece a Palomino un gran tazón de agua azucarada.

Sabe que a Palomino le gusta la velocidad. Reyes en algún momento ha pensado en participar en una carrera de caballos. Ha hablado en varias ocasiones de esa posibilidad, pero la mera idea tortura a la abuela con imágenes fragmentadas que le producen espantosa incertidumbre.

El solo hecho de ver cruzar del partidor a los corceles y que, e de pronto, aparezca Palomino entre ellos, la atormenta. Le plantea tantas angustias que prefiere apartar ese pensamiento de su cabeza. Sentada en un viejo sillón, en el portal de la antigua casa, guarda silencio. Su mente vuela, ve en postales a su nieto correr muy atrás, de último. En otra, apresurando el paso marcha a cobrar su premio, con el rostro iluminado y el corazón henchido de alegría buscando a su alrededor la cara de quienes a lo lejos gritan "¡hurra, "hurra!", como los niños del arroyo.

En su fantasía, siente la tristeza de muchos por no haber apostado a Palomino y a Reyes como ganadores, pero también la asalta el horror de verlos perder tras arriesgarse.

—No, es mejor cortar el tema aquí. —piensa ella, mientras sonríe, procurando alejar a los fantasmas de su pensamiento.

Reyes le confiesa que se ha visto en sueños muchas veces, montando los lomos de Palomino en una carrera de caballos. Le dice que quiere llevarlo a una competencia. Le ruega, le suplica con los dedos cruzados, hasta que la abuela accede.

Sabe que puede hacer ganar a Palomino; lo ha entrenado ya por mucho tiempo.

Esa mañana se animó. Se abre paso como puede entre los competidores, termina pasando uno tras otro a los jinetes en sus cabalgaduras y con Palomino acercándose a la meta final en medio del alboroto.

Detrás de él, los adversarios llegan mudos, sin poderlo creer. Mientras tanto, la abuela, le ofrece a Palomino un tazón de agua endulzada como premio al mejor.

Pasado cierto tiempo, vuelve a ver a Palomino en la pradera verde atiborrado de alegría, con los ojos muy abiertos y con el hocico rozar suavemente los brotes de tallos tiernos.

—Vamos a casa, Palomino. — le dice cuando le acaricia ligeramente la crin.

Salta entonces sobre su dorso como si fuera la primera vez y, tomado de la rienda, regresa galopando, a través del viento, por un camino pedregoso.

En el recorrido, el cielo se va cubriendo gradualmente con las ramas de los grandes árboles de teca.

Más adelante, en la lejanía, advierte ante sí las albinas. Toma el sendero que lo lleva al estero, hasta ver, en la proximidad del río, la claridad de una pequeña casa y las grandes palmeras, sobre las que ya resplandece la gran esfera de la luna llena. Al frente de la casa, el movimiento alegre de unos largos enjutos brazos le hace saber que lo esperan.

EL REGRESO DE MARCO

Desde hace tiempo, Marco se ve obligado a pedir algunas monedas para comer. No recuerda qué o quién era antes, ni qué hacía. Solo sabe que se gana la vida mediante la mendicidad.

En ese oficio no se descansa, trabaja durante las temporadas frías y en las de calor, no tiene día libre. Cuando no está recorriendo las calles, pide migajas a los comensales de cualquier restaurante. Muchos de sus benefactores le tienen consideraciones. Su casa siempre va con él, con una manta como su único patrimonio, la cama la ubica donde lo sorprenda la noche, a veces bajo la luz de la luna, o debajo de algún puente o árbol.

Es un mendigo vestido de pobreza; anda siempre ajado, camisa como de pijama, pantalones que dejan ver el calzoncillo, también roto, y unas maltrechas zapatillas de cuero. Es un hombre esmirriado, de unos sesenta años, que luce una cicatriz en la frente, medio oculta por el cabello.

Una mañana lluviosa, todo empapado y sucio, Marco se le apareció al frente a Gerónimo, un hombre de piel trigueña, con cejas medio fruncidas. Lleva un sombrero al estilo Gardel y corbata a la moda, quien tomaba una taza de té caliente detrás de la barra junto a la caja.

—Disculpe...

—Diga usted.

—¿Me puede dar algo de comer?

Gerónimo lo miró de arriba abajo y luego le pasó panes, jamón, queso y un vaso con chocolate. Marco se lo comió con mucha prisa y, en el momento en que le iba a dar las gracias, notó cierta inquietud en el hombre. No dudó en preguntarle.

—¡Ay, es que tengo un problema tan grande! Se me fue el muchacho de la limpieza y no cuento con ayuda.

—Bueno, si me da la oportunidad, y ya que comí, yo puedo tratar.

Otra vez Gerónimo lo miró pausadamente y, encogiendo los hombros, le dijo:

—En el aprieto en que me encuentro tendré que aceptar su oferta; eso sí, debe asearse primero. Y muy bien.

De acuerdo con las instrucciones que le impartieron, fue al baño y trató de eliminar todo vestigio de suciedad de encima. Gerónimo mandó a buscar una afeitadora y le pidió a uno de sus empleados, que sabía de peluquería, que le dejara la barba y el cabello como a una persona normal. Cuando estuvo listo, salió vestido con uno de los uniformes del restaurante. Era tan grande el cambio en la apariencia que muchos de los trabajadores se negaban a creer que se tratara del mendigo que conocían.

Para el propio Marco el cambio era impresionante; el que veía reflejado en los cristales le recordaba una imagen ya olvidada de él mismo. Pero eso le gustó y se propuso hacer lo imposible por mantenerse así. Gerónimo y los otros trabajadores notaron el esfuerzo que hacía, el empeño que Marco ponía no solo en sus labores sino en volver a ser el de antes.

En unos cuantos días, el mendigo de rostro curtido y esmirriado fue quedando atrás, sobre todo el cambio se notaba en su actitud, que ahora impresionaba mucho más que la visible cicatriz de su frente.

Una duda asaltaba a Gerónimo a partir de entonces. Sin saber de qué se trataba. Una noche buscó en una carpeta en que se conservaban documentos y varias fotografías que le dio su madre alguna vez. Allí se encontraba una de las pocas imágenes de su padre.

Con la duda encendida con mayor fuerza en su alma, le pidió a Marco que hablaran un día, después de cerrar el restaurante. Le preguntó por su vida, y lo que él le contó tenía varios puntos en común con la difusa versión que alguna vez su madre le narrase acerca del hombre que lo engendró.

Fue una tarde de junio, hacía ya muchos años, cuando un terremoto de escala mayor hizo temblar su pequeña ciudad, ocasionando grandes pérdidas y numerosas víctimas y desaparecidos. Muchos fueron rescatados con vida varios días después, al borde de la muerte; pocos se recuperaron en los hospitales. Él y su madre estuvieron entre los sobrevivientes, pero de su padre nunca más se supo.

Marco dice que él no tiene recuerdos de su infancia, de su juventud, que solo se acuerda de él en esas condiciones tan tristes de pordiosero, golpeado, humillado. Ni un nombre tenían. Otros mendigos de la calle lo llamaron Marco, y así se quedó. Cree que la cicatriz de la frente es el vestigio de una gran herida sufrida, pero no sabe más.

Al día siguiente, bien temprano, Gerónimo lo lleva a casa de su madre. Quiere contrastar las versiones de ambos, pero cuando ella abre la puerta y se lleva las manos a la boca para contener una exclamación, con ojos desorbitados, sabe que su corazonada es cierta. ¡Su padre ha regresado a casa!

TED

Salta de la cama, acomoda sus pies en las sandalias de cuero. Ted, con pasos quedos, silenciosos para no despertar a Marie, su esposa; casi que en puntillas se traslada al cuarto de baño. Allí, endereza las manos a costa de una sencilla aspersión de agua; ablución matutina que toma de la pluma para lavar la cara y acabar con lo que hizo la cuchilla de afeitar. Traslada su cuerpo al retrete para finalizar en la ducha.

No es muy alto, ni tan obeso; sin panza. Retorna a la alcoba con la toalla adosada a la cintura. Se viste y, ya aromatizado con la fragancia Calvin Klein, baja al comedor. Servido en la mesa hay milo, jugo, bistec, tortillas y pan. Come con premura el desayuno mientras ve las noticias.

Sale de la sala comedor y con el control remoto en la mano, abre la puerta del garaje. Sube al auto, enciende el motor y toma hacia el Corredor Norte, luego la vía que lo lleva a La Chorrera. Mientras avanza, hace escala con la mirada en cada calle: en el supermercado del chino, en el puesto de periódicos, en la caseta de frutas, en cada casa, en cada edificio. Toma fotos mentales del paisaje hasta llegar al lugar de trabajo.

LUZ MARY CASTRILLÓN

Es su rutina diaria.

Desactiva la alarma, abre la puerta del local. Penetra en la oficina, acomoda la valija, se pone los lentes que usa dizque para ver de cerca; desembaraza sus bolsillos de llaves, cartera, celular, papelería de alguna compra y los coloca sobre el escritorio. Enseguida ordena sus armas: calculadora, documentos, bolígrafo; enciende la computadora. Mientras se carga la máquina, va y prepara la cafetera. Empieza a laborar.

En la oficina de La Chorrera es casi siempre puntual; en la mañana, muy temprano, no encuentra a ninguno de sus compañeros. No está la secretaria, la contadora, la que limpia, el supervisor de venta y menos, los supervisores de finca. Así, solito, muy despacito, ingiere poco a poco, sorbo a sorbo y en silencio, su taza de café.

Transcurren varios minutos, descansa el pensamiento. Pasa la mirada sobre la valija, mientras que el pulgar y el índice la abre. Afloran recibos, cheques, órdenes de compra, facturas, reportes... Firma documentos de suma importancia y trascendencia.

Ted es un ser de pocas palabras, sencillo natural. Ríe poco, sonríe a veces. Una persona que parece ratón de biblioteca. Brilla en lo que hace. Trabaja en cosas de gran riqueza. Para él, no deja de ser divertido.

Ted hace otras labores fuera de su trabajo sin dejar de ser él. Allá o aquí o donde sea es Ted, el capitán de sus sueños. Trabaja tanto que a veces se olvida de sí mismo. Quiere jubilarse.

En los últimos días nada le ocurre a Ted. Delega funciones, pero no huye de la suya. Siempre en el mismo ciclo, la misma rutina, el mismo derrotero. Nada cambia.

Él es Ted, y así es.

UN PERRO LLAMADO TIFÓN

Es una mañana gris. Camino a la ventana en medio de un silencio tan profundo que permite distinguir el sonido de mis pies descalzos. Con los brazos cruzados, apoyo mi frente en los fríos cristales, empañados por la humedad.

Afuera, de repente, me sorprenden unos rayos de sol que se escabullen a través de la oscura cubierta de nubes y dan luz a unos tristes árboles que dan cabeceos de moribundo, ya casi sin hojas. A lo lejos, las copas de otros árboles muestran un verde pálido con retazos de color chocolate.

En el parque, noto la larga sombra de un hombre que corre tras su perro suelto, que va dando vueltas como cuando el aire entra a un cuarto cerrado y gira y gira buscando una salida.

— ¡Tifón, Tifón! —resuena a lo lejos.

A la voz del amo, Tifón se acerca, corriendo, y enseguida vuelve a alejarse, siempre veloz. A cierta distancia se detiene, contempla por un momento a su dueño y luego, tan aprisa como puede, mueve a ambos lados la cabeza y emprende otra vez la carrera.

Deben llevar mucho tiempo haciendo eso, porque el rostro del hombre está por completo sudoroso.

Finalmente, Tifón, con la cola entre las patas, se aproxima de nuevo a su casa. Una sonrisa en el hombre se dibuja en sus labios. El sol grande ya se eleva sobre los árboles, inundándolo todo.

También mi rostro se ilumina.

LUCAS, UN PERRO CANICHE

No es que yo sea noble ni aristócrata, pero tengo un poodle enano, de pelaje rizado y suave como motitas de algodón. Es bello, juguetón y activo.

Cuando amanece, siempre me espera junto a la puerta que da al patio. ¡El gran Lucas! Ahí trata de llamar la atención, salta y me ataraza los pies; así ha desgarrado zapatos y medias.

Tomás lo mira espantado.

—¡Madre mía! —frunce el ceño.

—Me siento frustrada ante su malcriadez. No acata órdenes. —le digo.

Tomás se dirige a mí y me interroga:

—¿Hasta cuándo?

Y ahí está Lucas, mordisqueando mi dedo gordo del pie, con la intención de hacerlo pedazos. Lo quiero espantar y hasta se me ocurre lanzarlo lejos, pero no sería capaz de hacerlo: a pesar de todo, es un animalito con sus virtudes, sobre todo es leal y tierno; prefiero sacrificarme.

—¡Dele el hueso! A ver si la deja —recomienda Tomás.

—No hay hueso! —es mi respuesta.

—¡Pues voy y compro uno! ¿Le parece? —prosigue él.

—Si usted quiere.

Tomás insiste en que hay que buscar una solución.

—Cuídelo por un rato, media hora, no más, mientras voy y vuelvo. ¿Cree que puede?

—No sé—respondo, rígida por el cosquilleo y el dolor.

—Lucas, a pesar de todo, es muy entretenido. Un buen perro, no hay que dudarlo...—me dice, en tono burlón.

Lucas parece haber escuchado la conversación. Se aquieta, mueve la cabeza hacia Tomás y hacia mí. Entiende que se habla de él. Después que la puerta se ha cerrado, Lucas se aleja de mí en uno, dos, tres saltos. Por último, se para en dos patas, da vueltas sobre sí mismo, parece un trompo. A continuación, se lanza a toda velocidad, como si fuera un gato tras un ratón.

En media carrera da la vuelta y viene otra vez hacia mí. Cuando me alcanza, cae a mis pies y me mira con sus ojos como dos canicas azabaches, la lengua afuera. Es como si pidiera perdón por la función que ya termina.

Con lentitud, se estira sobre la espalda y escenifica un drama: espera que le rasque la panza y le dé un hueso. Vuelve y se arrastra sobre su barriga, se acuesta con las patas extendidas y quieto se queda allí.

Sabe que, pese a todo, será perdonado.

CALIXTO

Anochece sentado en el parque, con un gran sombrero que le cubre las orejas y unas patillas que caen hasta el final de la barbilla. Los ojos grandes parecen platos junto a la nariz estrecha y el menudo bigote.

Parece que le pesara la camisa chocolate que lleva varios días sin lavar; usa pantalones remangados a media rodilla y unos leales zapatos de cuero marrón.

Calixto, con su mirada perdida, escucha el chillido del mochuelo melódico y quejumbroso.

De repente se pierde en la imaginación, vuelve en sí cuando el viento remece fuerte las ramas y levanta algunas hojas al aire. Gira la cabeza, sus ojos se dirigen a una blanca lechuza con cabeza en forma de corazón; **más allá**, el fascinante búho con sus cuernos de pluma. Los tres posando en la rama de un viejo árbol, sin moverse en absoluto.

Por la calle pasan sus compañeros, tres de ellos; conversan y siguen su camino como si llevaran prisa.

Calixto se queda sumido en el parque, con el búho, el mochuelo y la lechuza.

LUZ MARY CASTRILLÓN

LA SOMBRA

Federico es un hombre gordo, alto que se esconde tras los bigotes, con cabello lacio que le cae a mitad de la frente. Tiene ojos desorbitados y pupilas agrandadas por la oscuridad de la noche, pues apenas pueden distinguirse algunos objetos en la casa.

Unas sombras recorren su cuarto. Está inundado de miedo. El susto le hace dar un salto, abre las alas del armario y se refugia en aquel agujero. Pálido y aterrorizado, se siente miserable, desamparado.

Para él, no existe más vida que su vida solitaria en medio de miedos y temores. No tiene familia, su esposa enfermó y murió hace ya bastante tiempo.

En su mente rondan las ideas más fantásticas, piensa que un alma en pena lo ronda y se persigna y reza padrenuestros y avemarías. Termina haciéndose el signo de la cruz, recobrando la calma.

Espera un rato y asoma la cara, observando detenidamente. Satisfecho de haber alejado las sombras y las sospechas, espera varios segundos más que se le pase por completo la inquietud. Piensa que la sombra fue solo eso, una sombra provocada por el viento sobre las cortinas.

Al verse libre de amenazas, se arregla el cabello, los pantalones y la camisa, sale del armario, sonriendo, y se encamina fuera del cuarto.

Si en ese momento mirase atrás, vería que la sombra también ha salido del armario, y lo sigue.

UNA OFICINA EN EL MUNICIPIO

Bajo una brisa repentina subo a largos pasos
por los peldaños de una empinada escalera,
huyendo de la lluvia que se aproxima, y me refugio
debajo del altillo que me lleva a una oficina del
municipio.

Cuando llego, una de las láminas de la puerta
se abre y una mujer sale apresurada. Entro y me
acomodo en una silla azul, adosada horizontalmen-
te, al lado de hombre con escaso pelo crespo, una
barba color sal pimienta, ojos grandes y una voz
de trueno, con la que cuenta su vida privada a una
mujer.

Observo cómo pasan personas de aquí para
allá, se me gastaron las palabras de tanto saludar.
No sé cómo funcionan estas extrañas oficinas que
gradualmente se van llenando.

—¡Buenos días!

—¡Buenos días! —contestó.

Por un rato clavo los ojos en el suelo y me quedo callada. Todo se queda tan silencioso que hasta
se siente el calor de la respiración del vecino de al
lado. Nada sucede y yo sentada esperando información. Escucho que del reloj incrustado en la
pared salen ocho campanadas. Pero nada ocurre. Es

como si hoy no fueran a laborar. Pero no puede ser, los funcionarios ya llegaron.

Es lunes. En el rótulo de la puerta dice "de lunes a viernes, de ocho a cuatro", resaltado y en letras grandes. Durante toda la mañana he estado esperando.

Otra vez se incrementan las voces. Estoy en un lugar donde de repente se habla y de repente no. Algunas de las voces se alzan semejantes a las de un mercado popular. Decido acercarme a la ventanilla que dice "Arquitectura" y, tras ella, veo a varias mujeres en corrillo, hablando.

Una a la que le dicen Karen vende cremas, lociones, ropa, jabones, y está exhibiendo su muestrario.

Vuelvo a mi silla. Presumo que están en su hora libre antes de empezar atender al público. Me quedo esperando hasta que son pasadas las nueve. Desde atrás de la ventanilla sale una voz:

—Pal almuerzo hay arroz con pollo y ensalada de feria¡ Y sopa de carne o de pollo con arroz.

Al mismo tiempo pasa una mujer con camisetas de colores dobladas en uno de sus brazos.

—Cinco dólares cada una¡ Se pagan en la quincena —cruza hacia detrás de la ventanilla ofreciendo su producto.

Se oye abrir y cerrar puertas, un golpe tras otro. Se escuchan pasos acelerados; salen entran.

Escucho murmullos muy cerca, otros vienen de lejos. Gente que habla de diversos temas.

Vuelvo a la ventanilla. Es curioso encontrarme una mujer vestida con camisa militar.

—Hola, bombón. ¿Cómo estás? —me quedo sin respuestas, pensando que quizás se trate de un saludo militar.

Le explico a lo que voy y me indica otra ventanilla. Allá me atiende una mujer en compañía de un joven de grandes cejas, ataviado con traje de etiqueta.

—¿Dónde está la cédula? —pregunta apenas hago la consulta.

Se queda mirando la cédula, luego los papeles que acabo de mostrarle.

—Falta un papel.

—No puede ser, esto es lo que me pidieron.

—Sí, pero aquí no es. ¡María! ¡María! Atienda a la señora.

María vuelve a hacer lo miso. Mira la cédula, revisa los documentos que he llevado y dicta sentencia.

—Este certificado ya no sirve, este no está completo. Ah no, no, no, tiene que esperar.

—¿Esperar? —siento que estoy teniendo un mal sueño, deseo despertar.

—Regrese a la primera ventanilla. Dígale que va a actualizar este certificado, y este, y este.

—¿Ahí me lo actualizan? —su mirada de incredulidad ante mi pregunta casi que me da la respuesta por adelantado.

—No, ¿cómo se le ocurre? Ahí solicitará las actualizaciones, tiene que esperar que eso baje. Para el otro lunes, creo.

Bajo con cuidado los empinados escalones. Ya dejó de llover y todo está mojado. Una sola pregunta ronda mi cabeza: ¿por qué?

MI PRIMER VUELO

*Apropiación literaria de la experiencia de mi hija
el día en que realizó su primer vuelo de práctica.
A ella está dedicada esta narración.*

Ya tomadas las clases teóricas necesarias,
estoy preparada para mi primer vuelo de práctica.
Con antelación tengo que hacer una exploración,
bajo el fuerte sol del mediodía, del avión en el que
he de volar.

Estoy muy contenta, esperando a Johanna, mi
instructora. Una mujer. ¿Pueden creerlo? ¡Es mujer!
Seré instruida por una mujer. No me debe causar
tanta sorpresa, porque soy mujer, pero sí estoy impresionada y ansios. Me pregunto si en verdad soy
buena; durante tanto tiempo se dijo que la carrera
de aviación era asuntos de hombres.

Esta vez solo es un reconocimiento de rutina
que me ayudará a familiarizarme previamente con
el avión. El cielo luce despejado y azul, y se ha man-
tenido así desde tempranas horas de este martes.

Preparo lo indispensable. Estoy llena de emociones, y es natural; recién he cumplido los diecio-
cho años. Mamá se veía muy asustada, lo reflejaba

su rostro durante todo el trayecto hacia acá. Papá manejó con calma, se sentía feliz, por lo menos así me lo hizo saber. Me dejaron en la entrada del aeropuerto Marcos A. Gelabert. Una pista, hangares, aviones pequeños y grandes, helicópteros de todos los colores y personas por todas partes. Nada fuera de lo común para este lugar.

Ha llegado la hora de entrar. Cruzo migración, aduanas y camino hacia el centro de comunicaciones para abrir un plan de vuelo y poder salir a volar. ¡Estoy contenta de poder iniciar el sueño de mi vida!

Desde el centro de comunicaciones hasta el hangar de la escuela hay un trayecto bastante largo. Paso frente a los aviones de la regional panameña Air Panamá; los veo, asombrada. Por un momento me imaginé volando uno de esos. Algún día lejano, pensé.

Llevo puesto mi uniforme de piloto aviador principiante. Pantalón negro ajustado con la correa del mismo color, camisa blanca sin barras. Un corbatín negro, que más adelante podré cambiarlo por una corbata, símbolo de uniformidad entre hombres y mujeres. Mis zapatos negros como un espejo y una maleta del mismo color, estilo piloto, o por lo menos se ajusta al momento. Mi hermano me la prestó, con todo y el rótulo que dice "Universidad Latina". Dentro de ella mi pernera, un computador de vuelo, calculadora, libro de notas, cartas del aeropuerto, libros y muchos lápices.

Camino hasta llegar al hangar Delta. En los alrededores veo varios aviones en labores de mantenimiento.

Me acerco a mi avión con el corazón latiéndome a mil. Asomo con sigilo la cabeza a la puerta; sin darme cuenta, di unos pasos y ya estaba adentro. Acaricio la cabina, la miro una y otra vez y le echo una ojeada a la lista de chequeo. Empiezo a preparar todo para la salida.

En la lista de chequeo está dicho todo lo que se debe hacer y lo que no se debe, en situaciones normales o en casos de emergencia. Sigo paseando la mirada mientras llega el camión con el tanque de combustible. El avión que estoy por volar es un pequeño Cessna 152, con una autonomía de vuelo de cuatro horas, su máxima capacidad de combustible solo es de 43 galones, y para mí es perfecto por mi estatura menuda.

Sentada y emocionada, espero que llegue mi instructora. Justo casi en la hora indicada, veo la delgada silueta de la instructora. Viene con su maleta cargada colgada del hombro; se nota que está pesada. Sobre sus hombreras relucen tres barras, símbolo de que es piloto comercial. En ese momento me siento más motivada y convencida de que lograré mis metas. Ese ha sido mi norte y quiero realizar mi sueño.

Johanna llega al avión. Salgo, nos saludamos. Me pregunta por mis papeles, el peso y balance. Saco de mi maleta la pequeña libreta, y le muestro mi licencia de alumno piloto; un gran honor para mí; mi licencia de radio operadora y mi certificado médico.

Luego me pregunta que si estamos listas. Le digo que sí. En este momento lo que me importa es volar, quiero volar. Me armo de fuerza, pero realmente no sé si estoy lista, pues no sé qué es lo que deberé hacer. Solo pretendo saber qué puedo hacer en el aire y qué no.

Sonrío desde dentro de mí. Quizás por los nervios o tal vez por la emoción. Es una mezcla de ambos.

Mi instructora hace la última inspección visual externa, cuidadosa, al avión, asegurándose de que lo que hice está bien.

Juntas revisamos el medidor de combustible, ella comprueba que los tanques estén llenos y, a través de un filtrador, los posibles contaminantes del combustible; drena una pequeña cantidad, buscando agua o suciedad. Saca una varilla de medición que está cerca al compartimiento del motor, la limpia y verifica el nivel de aceite. Pasa la vista rastreando imperfecciones o cualquier daño en la estructura del avión que lo pueda comprometer. También mira la hélice. Me dice que es muy importante revisarla antes de encender el avión, y que tenga cuidado cuando esté cerca de ella, podría girar inesperadamente.

No hice más que analizar todos sus movimientos. Está probando y comprobando si a la lección de antes de volar le he prestado minuciosa atención a todo lo que me ha explicado. Confieso que dos días antes sentí que Johanna, durante la lección en tierra, me rellenó de información, como a un pavo de Navidad.

Por último, revisa el equipo de emergencia, artículos de primeros auxilios, hacha y cuerdas, linterna con baterías, bengalas, provisiones de aceite para el motor. Todo está en orden, como yo lo verificara.

Terminadas las listas de chequeo, nos montamos al avión asegurándonos de que las puertas, ventanas y cinturones de seguridad estuviesen ajustados. Entonces inicie la lista para encender el motor. Jamás he encendido uno hasta este momen- to. Cuando escucho encenderse el motor del avión se me eriza la piel, mi mano tiembla, estoy muy nerviosa.

Pedimos autorización para salir de la rampa en la que nos encontramos y dirigirnos hacia la pista. Solicitamos activación de plan de vuelo. Nos dan las indicaciones, las cuales repetimos minuciosamente‖ Como el procedimiento lo indica, hay que

repetir esa información como loros‖ Posterior a eso, ya con la información reconocida, decidimos solicitar autorización para rodar. Una vez otorgado el permiso, iniciamos el rodaje. El avión comienza a moverse lentamente, hasta romper su inercia. Nos dirigimos a la pista.

Se me ocurre pensar que cómo es posible que el avión tenga pedales como de bicicleta. Son pedales del timón direccional ubicados a la altura de los pies, controlan el timón fijado al estabilizador vertical, localizado en la cola del avión. Me río internamente, mientras trato de coordinar el movimiento para mantener centrado el avión en la línea central de la calle de rodaje. Uso los pedales para realizar ajustes y desplazarme a la derecha o a la izquierda.

Llegamos al punto de espera de la pista. El controlador nos autoriza a alinearnos y a mantener posición pista 36.

Con las listas de chequeo de despegue completadas, procedemos a realizar la instrucción del controlador. Ingresamos a la pista. Estoy bastante atribulada con tanta información y solo a la espera de estar volando por los cielos.

Estamos alineadas y manteniendo la posición señalada, nos autorizan a despegar. Johanna me asiste, diciéndome: "Máxima potencia 2700 RPM" (revoluciones por minuto), "Haremos un estático" (máxima potencia y frenos puestos)," Parámetros de motor normales'.

Suelto los frenos y el avión comienza a moverse, rompe su inercia ¡y allá vamos! Alcanza 60 nudos (su velocidad de rotación), comienzo a rotarlo (a elevarlo) asistida por mi instructora, quien me dice "Mantente aquí", "Mantente así", "vamos, coordinación", "Escanea tus instrumentos, pero también observa hacia afuera, te asisto'. Por mi parte, trataba de ser como un pulpo, moviendo cada brazo a la vez.

Nos dan la instrucción de girar a la derecha, rumbo hacia el este y luego proceder hacia La Chorrera. Hacemos un sobrevuelo. Estoy impresionada con tanta elegancia con la que se vuela un avión. Me digo a mí misma que esto es el reto más difícil.

Johanna me repite una y muchas veces "Toquecitos, solo toquecitos, sin sobre controlar", "No lo hamaquees tanto", "Déjalo que se estabilice", "Debes aprender a ser fina con tus movimientos'.

Yo, mientras tanto, trato de disfrutar sin marearme demasiado; pero debo aceptar que, sí estoy un poco mareada, asustada y transpirando bastante.

Después de una hora de maniobras en el aire y algo de adaptación, descubro que esto es realmente lo que quiero hacer el resto de mi vida, hasta que Dios me lo permita.

Ya casi está a punto de terminar el vuelo y viene la parte crítica, el aterrizaje. Todo es una preparación para este momento; la instructora me repite: "Esta es la fase más importante", "Debes estar siempre alerta y concentrada". Mientras ejecuto la maniobra percibo que el aterrizaje de un avión es lo más maravilloso que existe. Un impacto controlado.

Aterrizamos; creo que es sumamente emocionante. Tengo las piernas temblorosas y las manos sudadas. Salimos de la pista; llegamos al hangar y apagamos el motor.

Hacemos un resumen de todo lo realizado durante el vuelo, comentarios, consejos y motivaciones. Me siento realizada, a sabiendas de que tengo un largo camino por recorrer, que no va a ser fácil, pero lo recorreré con valentía, actitud y mucha perseverancia. Deseo convertirme en la mejor versión de mí, como piloto.

****

Siete años más tarde, con mis tres licencias de piloto, tres habilitaciones en aviones, volando una de las mejores máquinas creadas por la Boeing y laborando para la mejor aerolínea latinoamericana, considero que volar es un milagro lleno de ciencia y física. Y mi elección como piloto aviador, la más hermosa.

Luz Mary Castrillón

www.ingramcontent.com/pod-product-compliance
Lightning Source LLC
Chambersburg PA
CBHW051816040426
42446CB00007B/705